CB129689

Tudo
Vale a
Pena,
Quando
a Alma
Não é
Pequena.
"Fernando Pessoa"
EX-LIBRIS
Frederico Guilherme Costa

COLEÇÃO

Universidade

"A TROLHA" na universidade

Volume 2

Frederico Guilherme Costa

Editora Maçônica "A TROLHA" Ltda.

EDITORA MAÇÔNICA
A TROLHA

Frederico Guilherme Costa
Mestre em História pela UERJ

"A TROLHA" na universidade

Volume 2

Editora Maçônica "A TROLHA" Ltda.
Av. Maringá, 335 – Fone (0XX43) 327-1982
Cx. Postal 938 – CEP 86001-970 – Londrina – PR

Londrina, abril de 2001

Frederico Guilherme Costa - Grande Oriente do Rio de Janeiro - GOB

Copyright© 2001: Frederico Guilherme Costa

Coordenação Geral:
Conselho Editorial

Preparação e Diagramação:
Maristela Meneghetti

Capa:
Sérgio Mari Júnior

Revisão:
Virgínia Cristina Audi Ayres

Impressão e acabamento:
Grafmark Gráficas e Editora

Dados Internacionais de Catalogação na Publicação (CIP-Brasil)
CATALOGAÇÃO NA FONTE

C837t Costa, Frederico Guilherme
"A TROLHA" na Universidade. / Frederico Guilherme Costa.
— 1ª ed. — Londrina: Ed. Maçônica "A TROLHA", 2001.
V.2.: 20,2 cm. — (Coleção Universidade).

ISBN: 85-7252-110-0

1. Maçonaria - História. 2. Maçonaria - Filosofia. I. Título.

CDD 366.1
CDU 061.236.6

Índices para catálogo sistemático:

1. Maçonaria - História
   061.236.6 (CDU)
2. Maçonaria - Filosofia
   061.236.6 (CDU)

Proibida a reprodução total ou parcial desta obra, de qualquer forma ou por qualquer meio eletrônico, mecânico, inclusive através de processos xerográficos, sem permissão expressa do editor (Lei nº 5.988, de 14/12/73).

Todos os direitos desta edição reservados pela

EDITORA MAÇÔNICA A TROLHA

EDITORA MAÇÔNICA "A TROLHA" LTDA.
Av. Maringá, 335 - Centro
86060-000 - Londrina - PR
Cx. Postal 938 - CEP 86001-970
Fone: (0XX43) **327-1982** - Fax: (0XX43) **348-0915**

Sumário

Apresentação

*O livro **"A TROLHA na Universidade"**, já está em seu 2º volume. A idéia do autor, Irmão Frederico Guilherme Costa, de homenagear uma das Editoras de seus livros - Editora Maçônica "A TROLHA", foi um gesto de raro agradecimento, e uma forma de engrandecimento.*

O querido Irmão Fred está com tudo e não está prosa. O menino poeta - Antônio de Castro Alves, escreveu em "O Livro e a América", referindo-se a Colombo:

> *"O genovês salta aos mares, busca um ninho entre os Palmares e a Pátria da Imprensa achou". O Fred fez o contrário do que Colombo fez...*
>
> *"O Fred salta o mar profundo, e nas plagas do velho mundo, a Pátria de Camões achou..."*

Pois não é que nosso escritor Fred, acaba de plantar suas sementes literárias, em terras de Portugal, editando lá, um livro seu? É o alargamento de suas fronteiras literárias, a universalização de sua alma de Escritor.

Meu ilustre e querido Irmão Frederico Guilherme Costa, seu futuro de grande Historiador Maçônico está apenas começando. Os seus horizontes literários se estendem para além de outras Pátrias, deixando vaidosos e orgulhosos aqueles que o estimam e respeitam. Aqueles que o aplaudem e torcem por você.

Fred, recentemente estive na residência – ou Vaticano das Letras Maçônicas Portuguesas – isto é, o bar de Antônio Henrique de Oliveira Marques, em Lisboa – o Papa da História Maçônica Portuguesa. Pois bem, seu livro "Maçonaria sem Fronteiras", que leva em seu bojo seus conceitos filosóficos e sua Visão Histórica da Tradicional Maçonaria, está sendo lido pelos privilegiados leitores de Oliveira Marques, de Fernando Pessoa, de Alexandre Herculano e tantos outros monstros sagrados da língua portuguesa, que se enveredam pelos tortuosos caminhos da Literatura Maçônica.

Siga em frente meu Amigo e meu Irmão, que eu aqui, do meu cantinho, estou vibrando e aplaudindo de pé, esse novo feito seu.

Fred, agora que você alçou vôo bem mais alto, gaivota das praias do Rio, transformada em Condor, não se esqueça do Velho Xico, aqui nas planícies da Lítera Pátria, de olhos voltados para o infinito, seguindo invejoso o vôo arrojado do Condor Carioca.

Bravo Irmão Fred, seus Amigos, seus Irmãos, o aplaudem de pé e o saúdam, carinhosamente.

Londrina, abril do ano 2001.

Xico Trolha

Maçonaria na Universidade Nº 36

Damos por assentado que a maioria dos Maçons brasileiros está interessada pelo estudo sistemático e acadêmico da sua Ordem e atenta às idiossincrasias daqueles que se propõem a narrar os fatos nas diversas publicações hoje existentes. Entretanto, são muitas as controvérsias e raros aqueles que conseguem chegar à síntese. Deste modo, a Maçonaria brasileira corre o risco de permanecer distante das congêneres em boa parte do mundo, caso não se afaste definitivamente dos saudosistas da historiografia do início do século XX.

Temos procurado, notadamente a partir de 1992, levar a Maçonaria até a Universidade. Estamos nos referindo ao primeiro curso de extensão sobre a História da Maçonaria, Ministrado na Universidade do Estado do Rio de Janeiro, entre os meses de outubro e novembro de 1992. Além disso, temos esta coluna onde procuramos metodizar e teorizar os temas históricos, que de uma maneira ou de outra envolvem a Maçonaria.

Um dos principais obstáculos que encontramos na Universidade, quando tratamos da Maçonaria, é a enorme dificuldade de despertar o interesse dos acadêmicos por uma sociedade tão pouco conhecida, tão mal explicada, tão mal compreendida. Esta situação está diretamente ligada à pobre produção historiográfica. De um lado encontramos publicações turiferáveis e do outro o antimaçônico típico da década de 1920/30. São poucas as boas obras revestidas do esperado método, tão exigido no meio acadêmico.

Assim, neste artigo, pretendemos falar um pouco daquele curso de extensão que reuniu um número tão expressivo de interessados: – foram emitidos mais de 100 certificados de presença. O curso foi dividido em nove aulas teóricas, seguidas de debates. Para cada aula foi selecionada uma bibliografia básica seguida de cópias das transparências que foram utilizadas para melhor contextualizar a exposição. O objetivo principal era o estabelecimento de um método próprio para criar bases para uma pesquisa histórica crítica e sólida sobre a Instituição Maçônica.

Nas duas primeiras aulas discutimos as origens da Maçonaria. Tratamos das novas abordagens, das novas tendências e da própria gênese da Maçonaria brasileira. Nas aulas seguintes estudamos as influências doutrinárias, a questão da regularidade, as tensões e os conflitos com a Igreja Católica romana e o antimaçonismo. Finalmente, fechamos o curso com a Maçonaria feminina, a literatura e a política maçônica.

Em agosto de 1994 a Editora Maçônica "A TROLHA" editou 5.000 exemplares do Livro "Maçonaria na Universidade", de nossa autoria, cujo conteúdo representa o conjunto destas aulas. A título de esclarecimento dizíamos que esperávamos que a obra permitisse vôo mais alto. Que os nossos pesquisadores deveriam propagar a nossa cultura fosse nas Lojas, fosse nas Universidade brasileiras.

Os debates que se seguiram às aulas mostraram que a historiologia maçônica brasileira estava muito ligada àquela publicada no final do século XIX e início do XX, caracterizada por uma história cronológica e episódica; uma história linear que não tratava das durações múltiplas, nem fazia a necessária relação do evento com a estrutura e com a conjuntura; história dos grandes personagens, história elitista. Em síntese, uma história factual que precisava ser modificada. Na verdade, esbarramos na velha história política onde o fato político pretende explicar todo o processo histórico. Essa historiografia, segundo José Honório Rodrigues, desconsidera questões essenciais para que se planeje um estudo fiel àquilo que efetivamente existiu, tais como as revoltas, os movimentos contestatórios, propondo muito mais a construção de uma filosofia da História do que a produção clara das hipótese e da metodologia do trabalho.

O curso mostrou a urgência de um estudo de longa duração para romper com a história factual, episódica, como propôs René Rémond em seu livro clássico "A direita na França". No nosso caso, ficou patente a necessidade do estudo das diversas formas de sociabilidade, entre elas a Maçonaria, daí a conclusão de que resgatar a História da Instituição é uma tarefa árdua, pois trata-se de um mundo contingente e muito amplo. Temos, ainda, o complicador das fontes desaparecidas ao lado do formalismo silencioso, próprio de uma sociedade, no mínimo, reservada.

O que mais surpreendeu quando acessamos as obras que se ocupam da Maçonaria, produzidas por historiadores Maçons ou não, foi a insuficiência de documentos primários e o uso quase constante de ***hipóteses*** como elemento de trabalho. Isto nos obrigou a trabalhar com determinadas fontes secundárias para tratar com esta insuficiência. Assim, partimos de alguns importantes autores como Benimeli e Oliveira Marques para descobrir as características e importância das origens e do ideário da Maçonaria Moderna. Desta maneira, o estudo destas fontes permitiu responder aos questionamentos a respeito de determinado meio alternativo de sociabilidade preocupado com o humanismo e com o humanitarismo. Existe metodologia que se utiliza de fontes secundárias para reconstruir um tema. Seja ele uma Biblioteca, como demonstrou o livro do filólogo Luciano Canfora "Biblioteca Desaparecida", ou, no nosso caso, a especialidade de determinadas fontes secundárias da Maçonaria.

Permanece o sentimento na Universidade e nos nossos leitores de que estudar a Maçonaria apresenta diversas lacunas típicas de uma historiografia, na maioria das vezes, muito comprometida. Agora, se por um lado os documentos são garimpados como fósseis raríssimos, a originalidade da Sociedade aponta na direção de um estudo bastante interessante, que não deve ficar apenas naquele ministrado em 1992 na Universidade do Estado do Rio de Janeiro. Sem querer ser repetitivo, esperamos que outros alcem vôo mais alto e propaguem a nossa cultura, quer nas Lojas, quer nas Universidades brasileiras.

Maçonaria na Universidade Nº 37

Jorge Caldeira, jornalista, autor de uma biografia sobre Noel Rosa, Mestre em sociologia e doutorando em ciência política, publicou uma obra muito interessante no seu conjunto. Trata-se de **Mauá. Empresário do Império**.

São Paulo: Companhia das Letras, 11ª reimp., 1997. Caldeira está, enquanto economista, preocupado em determinar os fundamentos lógicos da trajetória empresarial de Irineu Evangelista de Sousa. Em 46 capítulos, o autor objetiva mostrar a sua Hipótese.

Com relação à Maçonaria o autor utilizou-se do seguinte ferramental (fontes): ***A Maçonaria e a Grandeza do Brasil*** de A. Tenório D'Albuquerque, Rio de Janeiro: Alvorada, s/d; ***A Maçonaria na Independência Brasileira***, de Tito Lívio Ferreira & Manoel Rodrigues Ferreira, São Paulo: ed. dos autores, 1962; ***História da Maçonaria***, de Marcelo Linhares, Londrina: "A TROLHA",

1993; ***Os Maçons na Independência do Brasil***, de José Castellani, Londrina: "A TROLHA", 1993; e do ***Dicionário de Maçonaria***, de Joaquim Gervásio de Figueiredo, São Paulo: Pensamento, s/d. Entretanto, ao conceituar a relação histórica de Mauá com a Maçonaria com parte deste ferramental, principalmente com relação à Iniciação do Barão, o pesquisador não trouxe, infelizmente, maior contribuição historiográfica para a Maçonaria. Será nosso propósito nesta resenha crítica mostrar alguns equívocos cometidos por Jorge Caldeira com relação à Maçonaria brasileira, fruto do que leu e repetiu no seu livro.

Tenho sistematicamente denunciado as idiossincrasias de determinados autores que se propõem a narrar os fatos maçônicos de tal forma desprovidos de uma mínima base heurística, nas diversas publicações existentes, que o que vamos encontrar a partir da página 138 do livro de Caldeira só vem a robustecer a denúncia. Vejamos algumas passagens "pinçadas" pelo autor em determinadas publicações ditas maçônicas:

> *Os inconfidentes de Minas Gerais, muitos dos quais Maçons, mantiveram contato com Thomas Jefferson na França pedindo auxílio para seu projeto de instaurar uma república no Brasil. A própria bandeira da Inconfidência - o triângulo vermelho, um dos Símbolos mais caros aos Maçons - não deixava dúvidas quanto à inspiração do movimento.* P. 139.

De acordo com os Autos da devassa e com toda a documentação conhecida até hoje, apenas José Álvares Maciel poderia ter participado de atividades maçônicas na Europa. Esse detalhe de sua vida, dito em confissão, foi revelado, indiscretamente, por Frei Raimundo de Penaforte e Castro em seu célebre relato "Últimos momentos dos conjurados pelo frade que os assistiu". Eis o relato de Frei Raimundo de Penaforte:

> *Cunhado de Francisco de Paula. Era de uma rara instrução. Depois de ter freqüentado a Universidade de Coimbra e de ter recebido o Grau de bacharel nas ciências naturais, viajou pela Europa, imitando Pedro, o Grande, no encoberto dos seus intentos – que eram visitar todas as fábricas e oficinas, o que conseguiu, pois alcançou o segredo de muitas; e os poria em execução, se essa abrasadora chama da liberdade que se prendeu em seu coração, ao passar pela fornalha da oficina da Franco-Maçonaria, não lhe devorasse as entranhas. Voltou à sua pátria; e a identidade de opinião e de costume e parentesco o precipitaram. Feliz queda, contudo! Todas as belas qualidades da sua alma renderam a homenagem a seu Criador; a sua conversão foi sincera, e converteu os horrores da sua prisão em puras satisfações de seus pecados. Era um Paulo, persuadindo os outros; e um Agostinho, dirigindo a Deus verdadeiras confissões.*

O único a manter contato com Jefferson na França foi José Joaquim da Maia, brasileiro matriculado na Universidade de Montpellier, França. Maia escreveu a sua primeira carta para o representante em Paris dos Estados Unidos, em 2 de outubro de 1786, com o criptônio **Vendeck**, sugerido pelo professor Vigarous, eminente médico cujo filho era seu colega na Faculdade de Medicina.

Qualquer Maçom regular sabe que o triângulo eqüilátero solitário não significa nada como Símbolo Maçônico, mas representa muito para a dialética proposta pela Maçonaria e, principalmente, para os mártires mineiros que desejavam a **Liberdade Posto que Tardia**. No mérito o triângulo representava, principalmente para o Tiradentes, na opinião dos próprios conspiradores e dos historiadores sérios, o culto particular à Santíssima Trindade que de maneira nenhuma colidia com os seus ardores patrióticos e libertários, de qualquer espécie que se queira entender aquele movimento.

Vejamos ainda, na página 139, as Maçonarias **azul** e **vermelha** citadas por Manoel Rodrigues e Tito Livio Ferreira e igualmente repetidas por Bella Herson da USP:

> *A Loja Maçônica francesa rezava por outra cartilha, que se difundiria pelo mundo dos adversários da Inglaterra. A vertente para consumo externo, o Rito Francês ou Vermelho, pregava a destruição da monarquia, a luta de morte contra o poder estabelecido, o ateísmo e o republicanismo.*

Não preciso insistir que não existe Maçonaria Azul, Vermelha, Roxa, Laranja, etc. Muito menos que a Maçonaria Francesa nasceu para empenhar uma "luta de morte contra o poder estabelecido".

As acusações que a Maçonaria francesa tem sofrido de ser atéia e de ter lutado contra o poder constituído, criaram uma atmosfera densa para os apreciadores desta Maçonaria. Na verdade, os Maçons franceses sempre buscaram uma proposta que valorizasse o homem, defendendo um adogmatismo racional em nome da total liberdade de consciência. Ocorre que Caldeira baseou-se em determinados autores ***teístas*** que confessam abertamente os seus objetivos exclusivamente fraternos. Nunca será demais lembrar que o Companheiro José Castellani sempre lutou por uma uniformidade de procedimentos na Maçonaria brasileira, mas sempre atacado por este ***teísmo***. Por estas e outras razões a Maçonaria em França tem sofrido, sistematicamente, perseguições pelo seu espírito libertário e progressista.

Finalmente, gostaria de citar Hobsbawn, lembrando que os historiadores são "memorialistas profissionais do que seus colegas-cidadãos desejam esquecer", o que obriga-o a uma injunção exigente e implacável que, ao lado de todas as outras considerações metodológicas aqui apresentadas, procura apresentar uma contribuição para aqueles que se interessam pelo estudo da Maçonaria. Da mesma maneira que o trabalho de Jorge Caldeira foi resenhado pelos críticos das chamadas ciências humanas, nada mais natural que alguém habituado com a história da Maçonaria do período imperial brasileiro exerça o mesmo direito, nada mais.

∴

Maçonaria na Universidade Nº 38

Temos perfeita consciência de que o estudo sistemático das novas abordagens da história deve ser aplicado na historiografia maçônica brasileira. No chamado primeiro mundo isto é matéria corrente. Evidentemente que não estamos propondo fazer tábua rasa de toda a nossa historiografia, mas estimular a descoberta de novas tendências. Assim, achamos útil resenhar a obra de Peter Gay, O estilo na história. São Paulo: Martins Fontes, 1989.

Peter Gay, alemão de Berlim, é professor de História na Universidade de Yale. Neste trabalho declara ter se interessado pelo "estilo", antes de se tornar um historiador. Ofereceu diversos cursos de historiografia para estudantes de doutorado quando, na década de 1960, vislumbrou a possibilidade deste livro, publicado em 1974.

Autor de "Freud para historiadores", onde argumenta a favor de uma história instruída pela psicanálise, chega a admitir que o crítico literário, os cientistas políticos e os economistas são psicólogos amadores. Peter Gay nos parece um epistemólogo preocupado com a história total e com a idéia de que os objetos da história são os próprios objetos a serem compreendidos e estudados. Embora na década de 1960 estivesse muito inclinado pela filosofia, no ano letivo de 1970/197l reuniu algumas idéias sobre o estilo histórico numa série de três palestras nas Universidades de St. Andrews e Ultrecht. Destas palestras, resultou "O Estilo na História".

Em quatro capítulos, o autor objetiva mostrar a relação binária entre a Arte e a História como ciência, dentro da Hipótese. Utiliza-se do seguinte ferramental (fontes): a análise do estilo dos cientificistas Gibbon, Ranke e Macaulay e o literato Burckhardt. Conceituando o estilo como a arte da ciência do historiador, o autor propõe dar cientificidade às interpretações das suas fontes historiográficas. Esta, a sua maior contribuição historiográfica.

Será nosso propósito nesta resenha crítica buscar esta relação binária entre a Arte e a História como ciência, dentro da hipótese apresentada por Peter Gay.

Ao conceituar o "estilo como a arte da ciência do historiador", nos permitiu identificar não só o estilo na história, mas a própria ciência da história e o papel do historiador na sua tentativa de interpretar as fontes historiográficas, fazendo uma abordagem entre cientificistas e Burckhardt, um literato do século passado. Portanto, a obra propõe uma história ciência x arte.

O estilo na história caracteriza a maneira particular de exprimir o pensamento de quem está escrevendo ou narrando os fatos históricos. Ainda que seja uma maneira peculiar de empregar termos privativos das artes, o estilo proposto por Peter Gay é também ciência.

Seria o historiador aquele que tão-somente escreve a

história? Não seria, também, o que pensa historicamente? Para Gay o estilo pode manifestar-se no cientista da história, no poeta da história, como é o caso de Burckhardt, ou no liberal Macaulay, ou ainda no ironista Gibbon. Vejamos o que nos mostra Peter Gay.

Gibbon possui um estilo um tanto pomposo, mas de profunda ironia e de vasto saber. Para Peter Gay ele é um cínico moderado entre políticos antigos. Quando lemos na sua autobiografia que "a liberdade é o primeiro desejo de nosso coração; a liberdade é a primeira bênção de nossa natureza", estamos tendo o privilégio de ler um estudioso parceiro dos intelectuais e filósofos que ousaram criticar os cânones sagrados da política e da religião.

Ranke foi um dos grandes iniciadores da ciência histórica alemã do século XIX. Como historiador é especialmente notável por uma exposição de fatos cheia de vida, pela acuidade e profundeza da observação. O estilo para este cientista era uma forma de oração ainda que suas páginas mostrem o protestantismo muito mais como uma concessão do que um intenso sentimento religioso. Peter Gay procura sustentar que Ranke poderia ter sido cientista, dramaturgo e teólogo a uma só vez, sem assim arruinar a coerência de sua obra.

Em Ranke o trabalho do historiador convive com a arte literária. Dá grande valor à forma, narrando com agilidade. O uso de recursos dramáticos nos seus textos "coloca Ranke no campo dos historiadores que tratam seu ofício como um ramo na arte de narrar histórias". Peter Gay nos informa que "os métodos e resultados da prática historiográfica de Ranke estavam diretamente voltados para a ciência: a sistematização da pesquisa, a ausência da primeira pessoa na exposição, a busca incessante da objetividade, a sujeição dos resultados a um exame crítico público".

Ranke reconhecia que a história era uma disciplina em progresso, admitia ser superior aos seus antecessores e, inevitavelmente, superado pelos sucessores. Preciso nas fontes e nas pesquisas documentais, Ranke honra a categoria de cientista da história.

Macaulay brilha tanto pela sua clareza e amplo estilo como pela elevação das idéias. Os ensaios históricos e biográficos são também os mais notáveis, o que não tem impedido uma crítica ao seu estilo. Esta crítica condena sua forma prolixa, seu estilo cansativo, muito mais de acordo com um representante da Câmara dos Comuns do que com um historiador. O que os seus críticos não puderam negar-lhe foi o estilo claro, ainda que pudesse suscitar dúvidas de sua maneira de pensar enquanto historiador. Seu estilo confere à narrativa uma absoluta concretude. Valoriza a emoção, retrata com justeza os personagens dos fatos históricos. Tenta fundamentar a história como uma enorme antítese onde os personagens humanos cruzam-se na teia de suas complexidades.

Burckhardt não publicou muitas coisas. Desconfiava da modernidade, do movimento socialista conservando, infelizmente, consideráveis preconceitos, entre eles o anti-semitismo. Todavia era um estilista. Interessado pela cultura humanista, apesar do seu conservadorismo provinciano, buscava no estilo a expressão da verdade.

O Burckhardt poeta sabia relacionar beleza e verdade. Sua poesia o levava ao reino da música talentosa e à leitura constante da moderna literatura. Para ele a história era uma forma de poesia: "Quando começou a pensar sobre a filosofia da história, de modo apenas casual, mas diariamente, Burckhardt veio a encontrar na história a mais elevada poesia". Para este poeta historiador, a história "é o registro daquilo que uma época encontra em outra digna de nota".

Após esta análise sucinta do estilo de cada um dos historiadores citados por Gay, onde a arte e a ciência não se separam claramente, podemos admitir que a história não é arte o tempo inteiro, porém o estilo é arte o tempo todo. Ele representa a própria essência do poeta. Permite uma história rica e completa, sem a trivialidade da narrativa vulgar. É claro que nenhuma monografia necessita ser uma obra de arte, mas se for trabalhada por um artista ela será, sem dúvida, mais bela e por que não, se a história do homem representa, de uma certa maneira, a sua necessidade de retratar, em cada época a sua odisséia?

Com muita propriedade disse Peter Gay que "estabelecer a distinção entre as verdades da ficção e as verdades da história ajuda a especificar o tipo de arte que é, ou pode ser, a história". Peter Gay não publicou simplesmente uma tese, mas uma obra que se constituiu em fonte importante, que alguns parecem ter esquecido, portanto, uma preciosa contribuição para a nossa historiografia. Assim, como negar sua conclusão de que "o estilo é, efetivamente, a arte da ciência do historiador"?

∴

Maçonaria na Universidade Nº 39

Dizíamos no número anterior que temos perfeita consciência de que o estudo sistemático das novas abordagens da história deve ser aplicado na historiografia maçônica brasileira. Igualmente acreditamos na revisão conceitual e na própria autocrítica como fundamental para a reformulação de grande parte da nossa escrita. Um dos maiores historiadores vivos – ***Eric Hobsbawn*** – fez esta autocrítica na sua obra, ***A Era dos Extremos: O breve século XX – 1914-1991. São Paulo: Companhia das Letras, 1995***. Esta resenha pretende o método na construção dos nossos dispositivos teóricos.

Hobsbawn nasceu em 1917, em Alexandria, no Egito. Viveu em Berlim, nos anos da ascensão de Hitler, e na Inglaterra, durante a Segunda Guerra Mundial. Estudou em Viena, Berlim, Londres e Cambridge. Foi membro do conselho do ***King's College*** em Cambridge, de 1949 a 1955, e em 1959 assumiu a cátedra de História do ***Birkebeck***

College na Universidade de Londres. Passou a maior parte de sua carreira acadêmica lecionando no ***Birkebeck College***, na capital inglesa, e na ***New School for Social Research***, em Nova York.

Autor de trabalhos analíticos de fenômenos como o banditismo - ***Bandidos, Rio de Janeiro: Florense Universitária, 1975*** -, ou ***Rebeldes e Primitivos***, publicado em 1959 apresentando um mundo de protesto rural na Europa e em outros países, Hobsbawn se tornou mais conhecido como autor de uma trilogia, que ele chama de "o longo século XIX", que vai de Revolução Francesa à Primeira Guerra com suas três eras - ***A era das revoluções; A era do capital; A era dos impérios*** - e como organizador da monumental ***História do Marxismo***, em 12 volumes.

Marxista desde a adolescência, procura mostrar, neste seu mais recente trabalho - ***A Era dos Extremos*** -, o testemunho sobre o século XX e a maneira como a história acontece dentro do pressuposto de que um fato produz outro fato. O historiador faz uma análise do século XX, cobrindo o período entre 1914 - início da Primeira Guerra Mundial - e 1991 - data que determina o colapso da antiga União Soviética. Hobsbawn viveu grande parte dos acontecimentos deste nosso século, mas, evidentemente, um conjunto completo de material sujeito às nossas interpretações ainda não se encontra disponível, sendo muito cedo para estabelecer o que tudo isto que está acontecendo no momento presente significa. Para este marxista sério, intelectual instigante, a história do século XX apresenta uma série de embaraços recentes e insuperáveis para serem interpretados, como fica evidente neste seu último trabalho. De todo modo, o século XX terminou com a falência dos ideais e das instituições políticas e sociais com que este notável historiador esteve compromissado durante grande parte da sua vida.

Formalmente, a obra está organizada em três partes:

uma era de ouro – 1945-1973 – cercada por duas negativas – era da catástrofe (1914-1945) e do desmoronamento (1973-1991). A argumentação é precisa, refletindo a sua estrutura tripartite. O início do século não poderia ter sido pior: a Primeira Guerra deu partida para o "assassinato" em massa: "Das 74 guerras internacionais travadas entre 1816 e 1965 que especialistas americanos, amantes deste tipo de coisa, classificaram pelo número de vítimas, as quatro primeiras ocorreram no século XX (...) Mais de 1 milhão de pessoas morreram em combate. A maior guerra internacional documentada do século XX pós-napoleônico, entre Prússia-Alemanha e França, em 1870-71, matou talvez 150 mil pessoas".

Da Guerra à ascensão do fascismo, da crise de 1929 à Segunda Guerra, a aliança entre a União Soviética e o Capitalismo liberal para derrotar o fascismo, a que sucedeu a era de ouro, responsável pelas principais transformações sociais do século para, em seguida, perder suas referências e resvalar para a instabilidade e a crise que nos encontramos, pela primeira vez depois de dois séculos, sem qualquer sistema ou estrutura internacional, com os perigos da guerra apenas mudando de forma. A razão disso reside, para Hobsbawn, no fracasso de todos os programas para controlar os problemas da raça humana. O capitalismo soube multiplicar a riqueza, mas falhou na sua distribuição e, na sua fase neoliberal, apenas acentua essa falha. Portanto, para Hobsbawn, conforme palestra proferida no MASP, São Paulo, para cerca de 500 ouvintes, "o século XX foi aquele que sofreu as transformações mais profundas, dramáticas e extraordinárias possíveis em tão curto espaço de tempo". E reafirmou que "a História não pode se basear apenas no passado. O passado é um outro país".

Para o autor a principal tarefa do historiador não é julgar, mas compreender a era nazista da história alemã e enquadrá-la em seu contexto histórico não é perdoar o genocídio. Aqui, o autor parece trabalhar com o método comparativo. O tom do livro é sombrio, passando uma idéia muito melancólica, triste. Em grande parte do relato há um ar de lamúria. Entretanto, isso não tira o seu vigor. A obra se apresenta em prosa simples e clara, livre de pompa e pretensão. Detalhes importantes são colocados em frases curtas e, em alguns casos, até espirituosas. Alerta para as dificuldades das fontes ao afirmar que "desconheço quase todas as fontes primárias acumuladas pelo grande número de historiadores do século XX". O máximo que ele conseguiu foi mergulhar na literatura das questões mais espinhosas e controvertidas. Portanto, o autor foi dependente, fundamentalmente, de dois tipos de fontes: a imprensa diária ou periódica e os relatórios econômicos periódicos e outras pesquisas, compilações estatísticas e outras publicações de governos nacionais e instituições internacionais, o que, na sua opinião, "nenhuma história das mudanças sociais e econômicas ocorridas neste século poderia ser escrita sem essas fontes". É uma pena que Hobsbawn não tenha recorrido às "memórias" e experiências registradas por outros "pesquisadores" do século XX.

O autor se posiciona muito claramente ante as questões que dizem respeito mais diretamente ao Estado, apesar de quase sempre evitar narrativas militares ou políticas. Não deverá agradar aos que Hobsbawn chama de "teólogos do liberalismo". É implacável com o governo de Margareth Tatcher na Inglaterra e os efeitos danosos da ortodoxia do mercado irrestrito nos países do antigo bloco soviético. Apresenta argumentos históricos para mostrar as conseqüências do enfraquecimento do Estado. Assim, não nega a sua condição de historiador econômico analítico, se aproximando de um determinismo econômico – cif. seu relato "dramático" do colapso dos sistemas socialistas em

1989. Sendo, provavelmente, seu livro mais pessoal, o ritmo oscila entre uma perspectiva interpretativa formal, com comentários quase íntimos.

A posição do autor ante a Igreja mostra que na intervenção forte do Estado, temos a presença do catolicismo apresentando ambigüidade de atitude em relação ao racismo de Hitler e com ajuda de pessoas importantes dentro da Igreja a fugitivos nazistas ou fascistas. Na opinião de Hobsbawn, "o que ligava a Igreja não só a reacionários anacrônicos mas aos fascistas era um ódio comum pelo Iluminismo do século XVIII, pela Revolução Francesa e por tudo o que, na sua opinião, dela derivava: democracia, liberalismo e, claro, mais marcadamente, o 'comunismo ateu'". De todo modo nos parece que "religião", assim como nacionalismo, são assuntos negligenciados na obra. A este respeito, talvez, parte da história do nosso tempo tenha sido vítima de uma memória.

Um das teses fundamentais do autor está no fato de admitir que a manutenção das utopias enaltece o historiador que tem o papel de lembrar as pessoas, de fazer ver que os dois conflitos do século XX apresentam diferenças e não uma única guerra. Assim, dentro da sua perspectiva, este século XX foi extremamente rápido, acelerado, no sentido tecnológico, mas, fundamentalmente traumático como nunca foi experimentado na história humana. Algumas vezes ele alerta para a necessidade de interpretar o mundo ao invés de mudá-lo. Todavia, interpretar leva a uma certa empatia com os meios pelos quais ocorreram as mudanças. Por isto consideramos o livro um relato provocante, brilhante e inteligente sobre o mundo que recebemos.

A Era de 1991 não terminou o século em função da derrota de um projeto político, mas pela ausência de projetos alternativos. O mundo hoje não tem, pelo menos no Ocidente, alternativas coletivas. Esta crise não deve ser vista como uma coisa negativa, mas como possibilidades múltiplas de transformações. Talvez alguma outra resenha considere esta obra de Hobsbawn inadequada à sua altura, mas isso deve ser creditado ao fato do alto padrão de exigência que este notável historiador sempre se impôs. É verdade que os paradigmas que fundamentaram este ***Breve século XX*** estão em crise. São paradigmas que não existem mais. Este, o **problema** criado pelo século XX, que foi tão brilhantemente contextualizado por Hobsbawn.

Finalmente, ao lembrar que os historiadores são "memorialistas profissionais do que seus colegas-cidadãos desejam esquecer", está nos obrigando, enquanto historiadores, a uma injunção exigente e implacável que, ao lado de todas as outras considerações metodológicas aqui apresentadas, representam importante contribuição historiográfica. Acreditamos, todavia, que esta contribuição historiográfica seria mais completa se o autor tivesse incluído os mitos ideológicos que agitaram a maioria dos intelectuais deste "Breve século XX".

Maçonaria na Universidade Nº 40

O Estudo da Maçonaria pode ser Feito com Fontes Secundárias?

Lembramos aos nossos leitores que existe uma metodologia que se utiliza de fontes secundárias para reconstruir um tema. Seja ele uma Biblioteca, como demonstrou o livro do filólogo Luciano Canfora "Biblioteca Desaparecida"(1) ou, no nosso caso, a especificidade de determinadas fontes secundárias da Maçonaria.

No seu trabalho, o filólogo Luciano Canfora procura descobrir quem destruiu a Biblioteca de Alexandria. Assim, o autor pretende trabalhar com a origem para responder a este questionamento, para saber como se conseguiu recolher os rolos do saber universal para transformá-la numa "BIBLIOTECA UNIVERSAL". Para isso Canfora utilizou-se de fontes secundárias, pois até aquele momento a

(1) Luciano Canfora. **A Biblioteca Desaparecida**. São Paulo: Campanhia das Letras, 1989.

historiografia estava atenta apenas para com a problemática da destruição.

Desta maneira o autor partiu de algumas fontes como Guibon para descobrir as características e importância das Bibliotecas em Roma. Procurou todas as correntes que podiam formar a idéia de uma "BIBLIOTECA UNIVERSAL". Que imagens ele tinha? O que era uma biblioteca? Para isto utilizou-se, entre outros, de Aristeu, Estrabão, Hecateu e por eles começou a reconstruir o que seria na cabeça deles uma biblioteca. Qual o assunto tratado nos rolos da Antigüidade?

Descobriu que a primeira biblioteca foi a de Ramsés, enterrada com ele, constituída de rolos proibidos que tratavam da cura da alma, daí o interesse do faraó.

Ficou claro que não foram os romanos, nem a depredação maior na época dos árabes, sequer um incêndio não intencional que destruíram a biblioteca, mas o desuso, destrato e forma de armazenamento dos rolos que já estavam sendo substituídos pelo livro. Naquele momento já se mostrava impossível que uma biblioteca contivesse todo o saber universal. Essas considerações estavam contidas em Hecateu que comparou a grande biblioteca com aquela de Ramsés.

Portanto, o autor resgatou fontes indiretas à biblioteca desaparecida. Provou que existe uma metodologia que se utiliza de fontes secundárias para reconstruir um tema. Seja ele uma biblioteca ou, no nosso caso, a especificidade de determinadas fontes secundárias da Maçonaria.

Maçonaria na Universidade Nº 41

Temos perfeita consciência de que o estudo sistemático das novas abordagens da história deve ser aplicado na historiografia maçônica brasileira. No chamado primeiro mundo isto é matéria corrente. Evidentemente que não estamos propondo fazer ***tábua rasa*** de toda a nossa historiografia, mas estimular a descoberta de novas tendências. Assim, achamos útil resenhar a obra de Peter Gay, **O estilo na história**. São Paulo: Martins Fontes, 1989.

Peter Gay, alemão de Berlim, é professor de história na Universidade de Yale. Neste trabalho declara ter se interessado pelo "estilo", antes de se tornar um historiador. Ofereceu diversos cursos de historiografia para estudantes de doutorado quando, na década de 1960, vislumbrou a possibilidade deste livro, publicado em 1974.

Autor de "Freud para historiadores", onde argumenta a favor de uma história instruída pela psicanálise, chega a admitir que o crítico literário, os cientistas políticos e os economistas são psicólogos amadores. Peter Gay nos parece um epistemólogo preocupado com a história total e com a idéia de que os objetos da história são os próprios objetos a serem compreendidos e estudados. Embora na década de 1960 estivesse muito inclinado pela filosofia, no ano letivo de 1970/1971 reuniu algumas idéias sobre o estilo histórico numa série de três palestras nas Universidades de St. Andrews e Ultrecht. Destas palestras, resultou "O Estilo na História".

Em quatro capítulos, o autor objetiva mostrar a relação binária entre a Arte e a História como ciência, dentro da Hipótese. Utiliza-se do seguinte ferramental (fontes): a análise do estilo dos cientificistas Gibbon, Ranke e Macaulay e o literato Burckhardt.

Conceituando o estilo como a arte da ciência do historiador, o autor propõe dar cientificidade às interpretações das suas fontes historiográficas. Esta, a sua maior contribuição historiográfica.

Será nosso propósito nesta resenha crítica buscar esta relação binária entre a Arte e a História como ciência, dentro da hipótese apresentada por Peter Gay.

Ao conceituar o "estilo como a arte da ciência do historiador"(1), nos permitiu identificar não só o estilo na história, mas a própria ciência da história e o papel do historiador na sua tentativa de interpretar as fontes historiográficas, fazendo uma abordagem entre cientificistas e Burckhardt, um literato do século passado. Portanto, a obra propõe uma história ciência x arte.

O estilo na história caracteriza a maneira particular de exprimir o pensamento de quem está escrevendo ou narrando os fatos históricos. Ainda que seja uma maneira

---

(1) Cif. p. 196.

peculiar de empregar termos privativos das artes, o estilo proposto por Peter Gay é também ciência.

Seria o historiador aquele que tão-somente escreve a história? Não seria, também, o que pensa historicamente? Para Gay o estilo pode manifestar-se no cientista da história, no poeta da história, como é o caso de Burckhardt, ou no liberal Macaulay, ou ainda no ironista Gibbon. Vejamos o que nos mostra Peter Gay.

Gibbon possui um estilo um tanto pomposo, mas de profunda ironia e de vasto saber. Para Peter Gay ele é um cínico moderado entre políticos antigos. Quando lemos na sua autobiografia que "a liberdade é o primeiro desejo de nosso coração; a liberdade é a primeira bênção de nossa natureza", estamos tendo o privilégio de ler um estudioso parceiro dos intelectuais e filósofos que ousaram criticar os cânones sagrados da política e da religião.

Ranke foi um dos grandes iniciadores da ciência histórica alemã do século XIX. Como historiador é especialmente notável por uma exposição de fatos cheia de vida, pela acuidade e profundeza da observação. O estilo para este cientista era uma forma de oração ainda que suas páginas mostrem o protestantismo muito mais como uma concessão do que um intenso sentimento religioso. Peter Gay procura sustentar que Ranke poderia ter sido cientista, dramaturgo e teólogo a uma só vez, sem assim arruinar a coerência de sua obra.

Em Ranke o trabalho do historiador convive com a arte literária. Dá grande valor à forma, narrando com agilidade. O uso de recursos dramáticos nos seus textos "coloca Ranke no campo dos historiadores que tratam seu ofício como um ramo na arte de narrar histórias"(2). Peter Gay nos informa que "os métodos e resultados da prática

---

(2) Cif. p. 68.

historiográfica de Ranke estavam diretamente voltados para a ciência: a sistematização da pesquisa, a ausência da primeira pessoa na exposição, a busca incessante da objetividade, a sujeição dos resultados a um exame crítico público"(3).

Ranke reconhecia que a história era uma disciplina em progresso, admitia ser superior aos seus antecessores e, inevitavelmente, superado pelos sucessores. Preciso nas fontes e nas pesquisas documentais, Ranke honra a categoria de cientista da história.

Macaulay brilha tanto pela sua clareza e amplo estilo como pela elevação das idéias. Os ensaios históricos e biográficos são também os mais notáveis, o que não tem impedido uma crítica ao seu estilo. Esta crítica condena sua forma prolixa, seu estilo cansativo, muito mais de acordo com um representante da Câmara dos Comuns do que com um historiador. O que os seus críticos não puderam negar-lhe foi o estilo claro, ainda que pudesse suscitar dúvidas de sua maneira de pensar enquanto historiador. Seu estilo confere à narrativa uma absoluta concretude. Valoriza a emoção, retrata com justeza os personagens dos fatos históricos. Tenta fundamentar a história como uma enorme antítese onde os personagens humanos cruzam-se na teia de suas complexidades.

Burckhardt não publicou muitas coisas. Desconfiava da modernidade, do movimento socialista conservando, infelizmente, consideráveis preconceitos, entre eles o anti-semitismo. Todavia era um estilista. Interessado pela cultura humanista, apesar do seu conservadorismo provinciano, buscava no estilo a expressão da verdade.

O Burckhardt poeta sabia relacionar beleza e verdade. Sua poesia o levava ao reino da música talentosa e à leitura

---

(3) Cif. p. 70.

constante da moderna literatura. Para ele a história era uma forma de poesia: "Quando começou a pensar sobre a filosofia da história, de modo apenas casual, mas diariamente, Burckhardt veio a encontrar na história a mais elevada poesia"(4). Para este poeta historiador, a história "é o registro daquilo que uma época encontra em outra digna de nota"(5).

Após esta análise sucinta do estilo de cada um dos historiadores citados por Gay, onde a arte e a ciência não se separam claramente, podemos admitir que a história não é arte o tempo inteiro, porém o estilo é arte o tempo todo. Ele representa a própria essência do poeta. Permite uma história rica e completa, sem a trivialidade da narrativa vulgar. É claro que nenhuma monografia necessita ser uma obra de arte, mas se for trabalhada por um artista ela será, sem dúvida, mais bela e por que não, se a história do homem representa, de uma certa maneira, a sua necessidade de retratar, em cada época a sua odisséia?

Com muita propriedade disse Peter Gay que "estabelecer a distinção entre as verdades da ficção e as verdades da história ajuda a especificar o tipo de arte que é, ou pode ser, a história"(6). Peter Gay não publicou simplesmente uma tese, mas uma obra que se constituiu em fonte importante, que alguns parecem ter esquecido, portanto, uma preciosa contribuição para a nossa historiografia. Assim, como negar sua conclusão de que "o estilo é, efetivamente, a arte da ciência do historiador"?(7)

---

(4) Cif. Peter Gay, op. cit., p. 160.
(5) Buckhardt. Judgements on history and historians, 1959, p. 158 **in** Carr, E. H. Que é história?, p. 49, Rio de Janeiro: Paz e Terra, 6. ed., 1989.
(6) Cif. Peter Gay, op. cit., p. 175.
(7) idem, p. 25.

Maçonaria na Universidade Nº 42

A Maçonaria como Meio Alternativo de Sociabilidade

Sociabilidade, palavra polissêmica, com vários sentidos. Na década de 60 na França, o primeiro a trabalhar com o tema foi Maurice Agulhon com a tese "Penitentes e Maçons na Antiga Provença".

O título original desta tese era "Confrarias e Associações na Provença do Século XVIII". Agulhon rompeu com a visão impressionista do estudo das associações. Ele estava propondo estudar as sociabilidades pelas densidades das associações constituídas e as mudanças que sofriam em determinado quadro histórico e geográfico. Propôs uma história comparativa, quantitativa e o estudo das características das associações, inclusive estudando as suas identidades.

O professor Marco Morel – ***Universidade do Estado***

do Rio de Janeiro – estudo as sociabilidades no Rio de Janeiro no período compreendido entre 1820 e 1840, pretendendo englobar o processo de independência. O último estudo a respeito deste assunto foi o de Moreira Azevedo, publicado na forma de artigo na Revista IHGB em 1885. A partir daquele momento o tema ficou marginalizado e inexplorado, a não ser pelo fato de terem sido publicadas algumas poucas monografias.

Para Maurice Agulhon, as associações são multifuncionais, podem desempenhar ao mesmo tempo diversas funções. Portanto, fica difícil estabelecer uma tipologia das sociedades sem se levar em conta as características multifuncionais.

Na época pertinente ao estudo do professor Morel, as associações no Brasil tinham as seguintes e principais funções:

1 – Questão da Filantropia que não deve ser confundida com a fraternidade revolucionária (Cif. a obra de Maurice David, "A Primavera da Fraternidade", Galimard, 1992, para compreender a fraternidade da França do século XVIII).

2 – Função pedagógica, vizinha da filantropia. Propõe levar a cultura para quem não a tem. É o momento que

começa a surgir no Brasil sociedades com estas características.

3 – Havia também associações de função cultural. Proteção de artistas e divulgadora das atividades culturais.

O estudo do professor Morel, neste período, englobou um total de 73 associações. Essas associações estavam naquilo que o professor chama de espaço público moderno, que não eram vinculadas ao espaço antigo (confrarias religiosas, etc...). No seu estudo, delimitou 4 etapas principais:

1ª – 1808/1821 – D. João VI. Marcada pela permanência do antigo modelo de sociabilidade. Os homens das letras não são bem tolerados. Duas associações estrangeiras foram autorizadas: a associação filantrópica dos suíços (1819) e a sociedade germânica (1821)

2ª – 1821/1822 – Marcada pelo Grande Oriente Brasileiro que teve papel importante na independência.

3ª – 1822/1829 (30) – Caracterizada pela posição do governo de D. Pedro I com relação ao movimento associativo. A Constituição de 1824 proibiu a existência de Corporações de Ofícios, típicas do Antigo Regime. Tratava-se da ponta inicial da modernidade. Repressão ao Imperador. Levantes. Parlamento que só vai funcionar em 1826. Entretanto, D. Pedro vai criar associações profissionais. Em 1827 aparece a Sociedade Auxiliadora da Indústria Nacional, precursora do IHGB e do Instituto Fluminense de Agricultura (papel político, econômico e social). Segundo um manifesto assinado por Lima e Silva da Maçonaria do Passeio, em 1825 funcionava, clandestinamente a Loja "Vigilância da Pátria"

4ª – 1831/1840 – Representou uma verdadeira explosão do movimento associativo. Retomada dos Trabalhos Maçônicos. A associação mais importante será o IHGB, nesta fase final de 1838, encerrada em 1848 com o Clube da Maioridade.

Concluindo, alertamos para o fato de que quando tratamos de sociabilidades, devemos estudar e analisar as mais freqüentes práticas de leitura, níveis de sociabilidade e trocas culturais na formação das elites intelectuais, nas esferas pública e privada. Igualmente útil será o estudo das tendências mais marcantes na formação de um campo cultural de produtos simbólicos impressos, contrapondo as formas de surgimento de esferas públicas e privadas no campo das trocas culturais, avaliando os instrumentos metodológicos e as diversas abordagens em relação à história cultural do livro, das livrarias e das bibliotecas. Só assim será possível compreender a Maçonaria como uma forma alternativa de sociabilidade.

∴

Maçonaria na Universidade Nº 43

Saldanha Marinho e a Emancipação dos Escravos

Em Sessão Magna de Posse da Loja "Segredo", no dia 9 de abril de 1876, encontramos, no discurso do Grão-Mestre do Grande Oriente Unido do Brasil, Saldanha Marinho, a seguinte referência à emancipação dos escravos:

Nestta Off∴, disse o Sap∴ Gram-Mestre, fabricou-se em primeiro lugar a grande idéa da emancipação dos escravos, que, mais tarde foi lei do Estado, arrancando á sociedade 53 cousas, que transformou em pessoas e entre as quaes contam-se actualmente algumas mães de familia

Tudo indica que Saldanha Marinho estava se referindo à Lei do Ventre Livre de 1871. Esta "Segredo" foi a primeira a ser fundada no Rio de Janeiro, em 13/4/1864, sob a jurisdição do Grande Oriente Unido do Brasil, organizado em 16/12/1863 e dissidente do tradicional Grande Oriente do Brasil, que em 1871 tinha como seu Grão-Mestre o visconde de Rio Branco, condutor, como se sabe, das negociações políticas que levaram a termo a lei emancipacionista. Importa informar que entre os 33 fundadores da Loja "Segredo", encontramos o próprio Saldanha Marinho e Quintino de Souza Bocayuva, que viria a ser, em 1901, oito anos após a unificação oficial da Maçonaria brasileira, Grão-Mestre do Grande Oriente do Brasil.

O Grande Oriente Unido do Brasil, também conhecido como dos "Beneditinos", por ter alugado o prédio nº 22 daquela rua, tinha um perfil ideológico mais "progressista" – pregava abertamente a plena democracia, a emancipação dos escravos, entre outras tantas vindícias liberais –, do que o tradicional Grande Oriente do Brasil. A dissidência durou de 16 de dezembro de 1863, quando Saldanha Marinho lançou um Manifesto, comunicando a fundação de um Grande Oriente com a participação de sete Lojas saídas do Grande Oriente do Brasil até 21 de dezembro de 1882, sendo que, no dia 18 de janeiro de 1883, "em Assembléia Geral do Povo Maçônico, realiza-se, no Edifício do Gr∴ Or∴ do Brasil, a cerimônia da União dos dois Grandes Orientes existentes no Brasil. Durante a cerimônia, o Irm∴ Joaquim Saldanha Marinho resigna o cargo de Grão-Mestre do Gr∴ Or∴ Unido dos Beneditinos, reconhecendo e respeitando, segundo suas próprias palavras, a autoridade do Grão-Mestre da Ordem, Irm∴ Francisco Cardoso Jr.[(1)]".

---

(1) Cif. **Nicola Aslan. Pequenas Biogra**fias de Grandes Maçons Brasileiros, p. 353. Rio de Janeiro: Editora **Maçônica, 1973.**

Maçonaria na Universidade Nº 44

A Maçonaria Santista e a Emancipação dos Escravos

A princesa Isabel, como regente do Império, assina a lei que extingue a escravidão no Brasil; vêem-se, de pé, João Alfredo e demais membros do ministério, além de José do Patrocínio.

Em correspondência de 5 de outubro de 1995, recebemos do Irmão João Carlos Maciel de Almeida, residente na cidade de São Vicente, o Boletim Informativo da Loja "Duque de Caxias Nº 70", "O APRENDIZ", referente ao mês de outubro de 1995, tratando do papel dos Maçons de Santos na abolição da escravatura.

Podemos destacar, em benefício da nossa argumentação a favor do papel emancipacionista da Maçonaria Brasileira, os seguintes trechos do informativo maçônico:

> *Em São Paulo, em 1870, a santista D. Ana Benvinda Bueno de Andrada (esposa do Conselheiro Martim Francisco, um dos fundadores da Loja "Fraternidade") fundava a primeira sociedade libertadora, destinada a promover alforria de cativos, a* ***Emancipadora****. Ainda em 1870, era fundada em Santos a* ***Sociedade Dramática Popular Libertadora****, com o escopo de libertar crianças escravas. Um dos fundadores foi João Moreira de Sampaio, seu tesoureiro.*
>
> *Em 1871, quebrando o sigilo, uma ata da Loja "Fraternidade" informava que, na posse do novo Venerável Francisco Martins dos Santos, o Irm.:. Moreira de Sampaio da Comissão Especial para angariar fundos destinados à libertação de menores escravos, apresentava um menino recém-libertado. Outra comunicação foi feita em 1873: por três dias, o prédio da Loja ficou aberto à visitação pública, com cobrança de ingresso, e a renda obtida, de 267 mil réis, foi destinada à libertação de uma escrava.*

Ainda na página 2, do citado boletim, encontramos uma atitude mais radical promovida por Joaquim Xavier da Silveira:

> *No início do movimento, em Santos já despontavam Francisco Martins dos Santos, Dr. Alexandre Augusto Martins Rodrigues, Xavier Pinheiro e o advogado* ***Joaquim Xavier da Silveira****. Este, em Santos e em São Paulo, foi o primeiro a aconselhar a fuga em massa dos sítios, fazendas e propriedades urbanas, com reações físicas, se necessário fosse, contra os senhores e capitães-do-mato. Depois, os defenderia perante o*

júri; contaram-se às centenas os casos entregues aos seus cuidados e as liberdades por ele conseguidas.

Ainda no informativo "O APRENDIZ" de janeiro de 1996, **Pág. 3**, temos que *"em Santos (...) o último escravo da cidade foi libertado no dia 27 de fevereiro de 1888, pela **Sociedade Emancipadora 27 de Fevereiro**. A carta de alforria desse último escravo, foi adquirida pelo Comendador João Manoel Alfaia Rodrigues Júnior - **abolicionista membro da Loja Fraternidade de Santos** - e por ele cedida à **Sociedade Emancipadora** para as festividades de encerramento da campanha da cidade".*

Prosseguindo, temos a informação de que "em 1879, casava-se com um súdito paraguaio, a primeira menina escrava que fora libertada pela Loja "Fraternidade". A Loja aprovava o casamento, pois ***o moço estava nos casos de o fazer, por ser bom trabalhador*** (conforme constou em ata da Loja). Além disso, a Loja deliberou enviar à noiva, um régio presente de casamento". "Em 1880, a Loja "Fraternidade" libertava dois meninos que estavam sendo vendidos pelo pai, como escravos; ao mesmo tempo, solicitava providências ao M∴ M∴ (Mestre Maçom) Juiz, ***contra esse pai que não titubeava em escravizar os próprios filhos***".

Maçonaria na Universidade Nº 45

Modernidade e Independência. Ensaios sobre as Revoluções Hispânicas. Resenha Crítica

GUERRA, François-Xavier. Modernidad e independências. Ensayos sobre las revoluciones hispânicas. México: Mapfre/Fondo de Cultura Económica, 1992.

Trata-se de um texto histórico-literário. Atendendo a temática que aborda, também poderíamos classificá-lo como um texto de caráter político.

O autor é atualmente diretor do Centro de Pesquisa de História da América da Universidade Paris I. No apogeu dos seus 51 anos, François Xavier Guerra apresenta um pensamento liberal-conservador, estando muito ligado a

François Furet com quem comunga o mesmo entendimento com relação à Revolução Francesa. Sua filiação teórica ainda está, igualmente, ligada ao antropólogo francês Luís Drumond, no que se refere ao individualismo.

Guerra é considerado um especialista da História do México, sendo seu principal trabalho a obra: "Elites Políticas Mexicanas: Séculos XIX e XX". Outro trabalho de fundamental importância é: "México, Antigo Regime e Revolução". Liga-se com o pensamento de Benjamin Constant sobre os verdadeiros princípios da liberdade: ***limitação necessária da autoridade social e diferença da liberdade dos Modernos para a liberdade segundo os Antigos*** – "A liberdade dos tempos antigos era tudo que assegurava aos cidadãos a maior parte no exercício do poder social. A liberdade dos tempos modernos é tudo que garante a independência dos cidadãos contra o poder" (Benjamin Constant. "Princípios de política aplicáveis a todos os governos, 1806" *in* **Dicionário de obras políticas**, Rio de Janeiro: Civilização Brasileira, 1993). Assim, o socialismo teria nascido dos Antigos e não dos Modernos, criadores do capitalismo.

No seu entendimento, a Revolução do México não foi a primeira revolução socialista, como entendem alguns historiadores como Orlando de Barros. O seu conceito de revolução está no sentido político – modificação nas estruturas; rupturas políticas. Os personagens daquela revolução eram camponeses, indígenas e representantes das tradições arcaicas, com manifestações híbridas.

A obra literária que estamos propondo resenhar é um trabalho dirigido ao estudioso da História Contemporânea, notadamente no que se refere à revolução liberal espanhola e ao processo de independência da América Hispânica.

A Mapfre/Fondo de Cultura Económica editou esta obra de François-Xavier Guerra motivada pelas comemorações dos 500 anos da descoberta da América. Nela o autor afirma que é necessário um estudo imparcial acerca da relação entre a Revolução Francesa e a revolução liberal espanhola. A filiação desta última com a primeira é certa, apesar do tema permanecer em aberto, sob o véu da guerra da independência e da acusação de "afrancesamento". O período trabalhado está centrado entre os anos 1808/1810. O autor destaca o ano de 1808, estabelecendo uma relação recíproca entre a revolução liberal na Espanha e o processo de independência na América, ao lado de uma nova interpretação das independências americanas.

A obra está dividida em 10 partes antecedidas por uma Introdução e enriquecida com abreviaturas, índices onomástico e toponímico. O autor faz uma opção preferencial pelo imaginário social e político, valores e comportamentos. A principal polêmica está em contrapor o francês –

identificado com o "moderno" - ao espanhol - ***identificado com o "tradicional"***.

Admite o autor que o caráter revolucionário do período chega a ser totalmente problemático, quando a "revolução" é entendida como uma transformação radical das estruturas sociais e econômicas, ou como acesso ao poder de uma nova classe social. Trata nestes ensaios de uma nova interpretação das independências americanas, tema do primeiro capítulo.

Contra o entendimento corrente de que os princípios revolucionários proclamados pela França revolucionária tenham provocado, ao cruzar o Atlântico, a independência da América Espanhola, o autor afirma, na primeira parte da obra, ser insustentável este entendimento, uma vez que as idéias francesas não foram as únicas no processo: "Devemos buscar, igualmente, a influência do pensamento político clássico espanhol nos acontecimentos".

Para compreender a diferença entre os países europeus na direção da Modernidade o autor examinou esquematicamente as relações entre o regime político, a sociedade e a cultura do século XVIII. Observou que tanto na França como na Espanha, as mudanças, apesar de problemáticas, são evidentes nestes três campos.

As diferenças entre a França e o mundo hispânico são tão evidentes como suas semelhanças. As semelhanças são provenientes do patrimônio romano e germânico; a diferença mais importante estaria no campo religioso. Também fundamentais as diferenças no maior ou menor radicalismo social; nas circunstâncias políticas, no tratamento dispensado ao rei. Ainda que semelhante nas mudanças ideológicas, no imaginário e nas formas de sociabilidade que é a ***modernidade***, a sociedade espanhola e principalmente a americana, se mostraram mais corporativas e ***tradicionais*** e com menos elites modernas do que a francesa. Ainda assim a Revolução Francesa modificou as revoluções

posteriores, uma vez que os atores conheciam antecipadamente os caminhos da lógica revolucionária. Vale dizer que se a Espanha conheceu a construção de uma sociedade ideal, também se inquietou, e muito, com um possível ***terror***.

Em seguida vamos encontrar uma breve exposição que procura combinar o impacto direto da Revolução Francesa com a ***construção*** e início das revoluções hispânicas. Na América, os mais atingidos pelos acontecimentos em França foram as elites intelectuais. Entre elas o constitucionalismo foi visto com simpatia. A reunião dos Estados Gerais lembrava as antigas liberdades que aspiravam. Todavia, será a resistência contra Napoleão, o invasor, que dará origem às revoluções no mundo hispânico.

Ao Contrário do que acontecia na Europa, os países hispânicos continuaram sendo repúblicas e possuindo constituições e liberdades modernas. Segundo o autor a explicação está na própria independência. Ao se romper o vínculo com a Península, também se rompia o vínculo com o rei, com a legitimidade histórica. Nada afastaria o novo poder da soberania popular. Mostra o Brasil, um império que durou até 1889, como um perfeito exemplo contrário do que ocorreu com a América Espanhola.

Será contra o absolutismo, caracterizado como despótico, tirânico, arbitrário, que se levantarão os revolucionários. Estes, buscavam uma reforma radical da sociedade e do próprio homem. Lutavam contra o Antigo Regime. Tais considerações são sustentadas por uma longa base teórica e histórica na segunda parte da obra: ***La modernidad absolutista***.

Na terceira parte – ***Una modernidad alternativa*** –, o autor considera a Ilustração como Modernidade, uma vez que se trata de um conjunto de múltiplas mudanças no campo das idéias, do imaginário, dos valores, dos comportamentos contidos no absolutismo. Será esta Modernidade que ***inventará*** o indivíduo. Neste ponto vamos encontrar a preocupação de explicar o surgimento da política moderna, concebida no período estudado como uma novidade. Novidade pela soberania do povo; novidade pelas constituições escritas; novidade pelo aparecimento de homens e de grupos especializados na ação política. Será esta política moderna que triunfará de maneira incipiente com a revolução norte-americana e radicalmente com a Revolução Francesa e com a revolução hispânica. Serão múltiplos os ambientes, os palcos onde encontraremos as novas formas de sociabilidade das elites: o salão, a tertúlia, as Lojas Maçônicas, onde os clérigos, nobres, funcionários, burgueses, discutem os mais variados temas.

Na quarta parte dos seus ensaios, Guerra mostra que o período que vai dos levantes peninsulares da primavera de 1808 à dissolução da Junta Central em janeiro de 1810, anos cruciais, são sem a menor dúvida a chave das revoluções hispânicas, tanto no que se refere à passagem para a

Modernidade, como na gestação da Independência. Para chegar a esta conclusão o autor trabalhou com uma visão global da conjuntura política. Trata das abdicações de Bayona de maio de 1808, quando a Espanha passa dos Bourbons espanhóis para José Bonaparte, como o primeiro dos acontecimentos que marca definitivamente todo o mundo hispânico.

Rechaçar o invasor e prestar fidelidade a Fernando VII além de espontâneo, visava constituir um governo legítimo. O debate sobre como constituir um poder único e indiscutível dominou a Península durante o verão de 1808. Debate teórico em que se discutia a natureza da nação e, por conseguinte, a representação. A solução encontrada foi a constituição de Aranjuez, em 25 de setembro de 1808, da Suprema Junta Central Governativa do Reino, que governará em lugar e em nome do rei, como depositária da autoridade soberana. Na América vamos encontrar, igualmente, um patriotismo exaltado, fidelidade a Fernando VII e determinação de resistência ao invasor. Os americanos rechaçaram as abdicações e declararam sua condição de espanhóis e patriotas.

A América em 1808 também se apresentava confusa quanto a verdadeira situação militar e política da Península. Sobre este tema o autor apresenta algumas considerações importantes a respeito das comunicações entre a Espanha e a América, lembrando a impossibilidade dos americanos receberem de imediato as notícias da Metrópole. Notícias falsas circulavam ao lado das verdadeiras. Neste clima começam a ser estabelecidos imaginários e valores de 1808, estudados na quinta parte da obra.

Os progressos da alfabetização e da imprensa, que tomam conta logo no início de 1808, constituem, na nossa opinião, um ferramental importante para o correto entendimento da proposta do autor. Sem a imprensa, com certeza, não teríamos as primeiras eleições americanas de 1809; sem ela teria sido impossível difundir a Modernidade; compreender as mutações e a vitória da nação, tratada na parte nona da obra, assim como compreender o povo soberano, incertezas e conjunturas do século XIX, tema que fecha estes ensaios. Assim, para concluir é preciso compreender esta pedagogia política da imprensa revolucionária espanhola.

Será no ambiente revolucionário, quando as Cortes Gerais e Extraordinárias se reúnem em Cádiz que a imprensa irá desenvolver um papel fundamental na expansão de novas formas de sociabilidade. Com ela nascerá a opinião pública moderna e o espaço público político. Será preciso, entretanto, aguardar 1810, sobretudo o outono, para encontrarmos uma opinião pública moderna em uma quantidade maior de jornais. O autor destaca três: O SEMANÁRIO PATRIÓTICO, O ESPECTADOR SEVILHANO e o VOTO DA NAÇÃO ESPANHOLA. O estudo destes jornais contribui para explicar a mutação provocada pela revolução hispânica e dois fenômenos em parte inexplicados: a extraordinária rapidez e coerência com que as Cortes de Cádiz levaram a cabo sua empresa de destruir o Antigo Regime, ao lado da mutação durante este mesmo período, de certa parte da elite americana que em 1808 aparece como tradicional e em 1810 moderna. A difusão dos periódicos teria, na opinião do autor, contribuído para explicar o fenômeno.

Portanto, dentro da ação coordenada pela imprensa temos a busca da "pedagogia política", um plano claro e tenazmente seguido para transformar as mentalidades dos seus leitores.

Este livro resume corretamente a mentalidade de boa parte da burguesia espanhola nos momentos da revolução liberal espanhola e das independências americanas.

A burguesia, que dispunha em muitos casos de um elevado nível de renda e de uma refinada formação cultural – como os editores dos periódicos –, enfrentou a sociedade estamental, própria do Antigo Regime na busca do caminho para lograr seus próprios objetivos.

Por fim, o livro sintetiza perfeitamente um fenômeno muitas vezes descrito mas em poucas ocasiões provado: os componentes ideológicos e os fatores econômicos, alavancados pelo político, se convertem, quase sempre, no verdadeiro motor dos acontecimentos históricos.

∴

Maçonaria na Universidade Nº 46

REVOLUÇÃO DE 1930. REFLEXÕES

A crise brasileira de 1929 foi o resultado do lento esgotamento de um padrão de acumulação no qual a economia mercantil exportadora mostrara ter cumprido todas as suas potencialidades de desenvolvimento, levando ao máximo sua principal contradição: a dicotomia entre o pólo da produção e o da realização da produção (...) O golpe de outubro de 1930 resultou no deslocamento da tradicional oligarquia paulista do epicentro do poder, enquanto que os demais setores sociais a ele articulados e vitoriosos não tiveram condições, individualmente, nem de legitimar o novo regime, nem, tampouco, de solucionar a crise econômica.

Sônia Regina de Mendonça

INTRODUÇÃO

A Revolução de 1930 é, permanentemente, objeto de debate entre historiadores. Movimento que destruiu as estruturas políticas da Primeira República e abriu caminho para a modernização do Estado brasileiro. Preferimos o termo "movimento" pois não notamos naquele levante a substituição de classes sociais no poder, apenas percebemos uma nova "distribuição" do poder, admitindo a participação de camadas sociais até então dele afastadas. Sequer

constituiu-se numa "revolução" das chamadas camadas médias urbanas contra o predomínio e a hegemonia das oligarquias.

Analistas como Bóris Fausto recuperam a importância da crise econômica, enquanto fator explicativo do surgimento da República Nova. Fausto explica que, a partir de 1924, quando o governo federal transferiu o controle dos mecanismos de defesa do café para o Instituto do Café do Estado de São Paulo, as autoridades se eximiram de assumir quaisquer novas responsabilidades sobre a questão. Justamente no momento em que se abre a crise mundial, a tendência dos preços do café, após outubro de 1929, era de grande queda.

Aquela conjuntura levou os cafeicultores a solicitarem do governo federal a concessão de créditos e prorrogação das dívidas. Washington Luís recusou-se a atender os pedidos da oligarquia cafeeira. Esta atitude retirou do "paulista de Macaé" o seu principal apoio político: os cafeicultores de São Paulo. Evidentemente que dita oligarquia não conspirou para derrubar o governo, opondo-se sistematicamente a Washington Luís, mas não se sentiu motivadas para defendê-lo em 1930. Bóris Fausto considera ainda que "os efeitos imediatos da crise não devem ser medidos apenas pelo comportamento da classe dominante paulista. É preciso considerar suas conseqüências alentadoras sobre o núcleo de forças opostas ao governo federal. A divisão regional refletia na arena política a pressão contra a hegemonia da burguesia cafeeira, cuja base essencial era representada por São Paulo. Na medida em que a crise mundial se acentuava tornava-se mais claro para a oposição que este setor ficara profundamente afetado e que o instante chegara para tentar quebrar sua predominância".

Torna-se importante, dessa maneira, estabelecer uma trajetória entre a queda do Império e a instalação do Estado

Novo, sem a qual não será possível determinar o conjunto de fatores explicativos do movimento de 1930 e o seu desdobramento político.

DESENVOLVIMENTO

O Império se apresentava como um gigante que ao se movimentar fazia tremer os seus vizinhos. Com a proclamação da República o discurso muda: o Brasil é atrasado; não é mais aquele gigante do Império. A classe dominante quer civilizar o povo brasileiro. Em 1891 foi equacionada a questão das hierarquias sociais: os grupos dominantes nas alturas e os outros abaixo.

A democracia representativa visa legitimar certos grupos sociais no poder. O sucesso da democracia representativa é o projeto de Nação. Os Estados Unidos são um exemplo disto, que tem nos brancos protestantes, há décadas, os gerentes deste projeto. Em países onde esta democracia representativa não funciona, para permitir a sucessão de processos eleitorais, a sociedade começa a buscar soluções alternativas. O fundamental da democracia representativa é que ela cria uma idéia que minimiza conflitos sociais. Estabelece uma mística da pluralidade partidária que é fundamental para a manutenção da Ordem. Permite a crença de que na sociedade os interesses têm espaço no poder.

Por volta dos anos de 1930, após a Primeira Guerra, nota-se uma vocação para a organização de sistemas autoritários em detrimento daquelas tendências que representavam os grupos independentes. À época, estabeleciam-se "muros" contra a expansão do bolchevismo. O Estado deveria intervir na concentração da renda; controlar as leis de mercado sem, contudo, tocar na propriedade. Ora, o eixo do bolchevismo era a crítica contra as estruturas próprias das sociedades, a propriedade individual, na contramão da "nova ordem" com o seu discurso de oferecer a oportunidade das pessoas terem bens. A "direita" defendia a manutenção dos grupos dominantes e a "esquerda" pregava a derrubada do sistema capitalista.

Em 1928/29/30 dá-se a falência da República Velha e a crise da bolsa de Nova York. Naquele momento o Estado se viu forçado a retirar as benesses oriundas do pacto. A disposição, então, no Brasil, era a de eliminar as tendências liberais e passar para o modelo autoritário, mas distante da proposta bolchevista. Em 1930 ficou claro que a oligarquia gaúcha detinha uma tradição autoritária capaz de conduzir o país a uma "nova ordem nacional".

Entretanto, não existia, no Brasil de 1930, a possibilidade de outra forma de governo que não fosse a democracia representativa. Buscava-se um projeto eleitoral de legitimação onde todos os interesses sociais passassem pelos poderes constituídos; onde a classe dominante pudesse controlar o estabelecimento da Ordem. Em 1930 o consenso não era tangível, pois faltava um projeto. Existiam grupos desejosos de uma ditadura, mas não representavam uma unanimidade. Não existia, naquele momento, outra alternativa a não ser a ampliação do sistema eleitoral.

Não contava o país com um projeto da classe dominante hegemônico. Portanto, o período de 1930-34 foi de grande instabilidade política. O grupo que assumiu o poder em 1930 não tinha um plano que articulasse de maneira global, o que levou o Estado a uma crise permanente. Em 1930 os grupos dominantes não se entendiam com relação às políticas regionais. A ascensão de Vargas se deu por falta de projetos, mas não foi homogênea, ele teve de compor. Havia uma preocupação de evitar um confronto que levasse a pátria a uma Guerra Civil.

No dia da vitória de Getúlio, todas as instituições políticas da República Velha foram destruídas; sua substituição por outras implicava uma árdua luta de tendências, no quadro de uma "crise de hegemonia" em que nenhum grupo era capaz de imprimir direção e dominação ao corpo social.

Em meio aos acontecimentos críticos, Getúlio deu início à reorganização do Estado e do governo. Ele enfeixou os poderes e passou a governar por decretos. Toda a Ordem Constitucional foi anulada pelo ato revolucionário. Todas as autoridades foram depostas por via militar. Foram afastados os presidentes dos estados e nomeados para os seus cargos os interventores fora da máquina oligárquica. Entretanto, logo estes interventores compuseram-se com os grupos locais, gerando alianças de grupos da "Revolução" com os mesmos.

No ano de 1931, parecia inegável que os tenentes haviam tomado o poder. Na grande maioria dos Estados eles foram nomeados interventores, enquanto "tenentes civis" ocuparam postos-chave em ministérios e cargos. Getúlio valeu-se dos tenentes para afastar adversários civis, ao mesmo tempo em que subordinava cada vez mais os tenentes e fazia do Poder Central, controlado por si mesmo, o árbitro cada vez mais decisivo das disputas regionais.

Ao lado do tenentismo, que lentamente minou as bases da Primeira República, vamos encontrar um outro ator de fundamental importância: o operariado. De início muito tímida, esta nova categoria social começou a ocupar espaço importante das décadas iniciais deste século. Ressalte aqui a influência dos imigrantes no processo.

A maioria dos autores entende que antes da revolta paulista, Vargas procurava adiar ao máximo a Constituição. No entanto, desde 24 de fevereiro de 1932 havia promulgado o Código Eleitoral, que introduziu importantes inovações com relação à República Velha. Pela primeira vez em nossa História, as mulheres tiveram direito ao voto, e o limite de idade para ser eleitor passou de 21 para 18 anos. A criação da Justiça Eleitoral foi um passo importante para a moralização do voto, mas a inovação mais importante nesse sentido foi a instituição do voto secreto, que pelo menos nos centros urbanos reduziu o poder de corrupção eleitoral.

O movimento armado iniciado em São Paulo em julho de 1932 contra o governo revolucionário instalado em 1930, tem em suas raízes dois aspectos que não podemos deixar de salientar. Antes de mais nada, o descompasso entre os "tenentes", alçados ao poder com a destituição de Washington Luís, e o próprio Partido Democrático (PD), que também prestou mão forte à Revolução. Em segundo lugar, 32 representou a tentativa dos dirigentes máximos do Partido Republicano Paulista de retomar o poder. Este movimento de 1932 estabeleceu a ruptura de São Paulo com o resto da Nação. O estopim foi o massacre dos estudantes da Faculdade de Direito que pediam em passeata o estabelecimento da Ordem Constitucional, o Estado de Direito. Os paulistas tinham seus próprios interesses com o café e Vargas era contra esta oligarquia do café. A derrota do movimento de 1932 consolidou, de qualquer forma, o poder de Vargas, ainda que, meses depois, este acabasse por convocar a desejada Assembléia Constituinte. Uma inovação da época introduzida por exigência dos tenentes e inspirada no corporativismo fascista italiano, foi a representação classista.

A idéia da representação classista tinha relação com o desejo de reduzir o peso das máquinas políticas da oligarquia, na escolha dos deputados: na prática, ela deu a Getúlio margem de manobra para equilibrar o peso das bancadas mais poderosas, as de São Paulo e Minas Gerais. O objetivo era criar canais paralelos alternativos ao sistema proporcional para privilegiar os líderes sindicais ligados ao aparelho do Estado, para mostrar que a questão social existia, mas agora não era mais um caso de polícia. Este projeto visava controlar as bandeiras sindicais.

A Constituição que resultou dessa Assembléia, promulgada em 16 de julho de 1934, mostrou um teor liberal-democrático com várias semelhanças com a Constituição de 1891: preservou o regime federativo; assegurou eleições por sufrágio universal (excluídos os analfabetos) e direto para todos os cargos executivos, de Presidente da República a governadores e prefeitos. Ao mesmo tempo, a Carta assegurou maior poder ao governo central retirando, por exemplo, a excessiva autonomia financeira dos Estados, vigente na República Velha. Preparou-se o caminho para a centralização política que iria viger no Estado Novo.

No período compreendido entre 1931/1934 constatamos uma ausência de alternativas de poder. O importante foi a promulgação da Constituição de 34 ao lado da preocupação de legitimar o sistema através da eleição indireta do primeiro Presidente da República Nova. Tivemos movimentos à parte dos partidos, como a A.N.L e A.I.B. Estes grupos, surgidos fora do sistema, investiram contra o vazio do poder e apareceram como movimentos de contestação das fragilidades da sociedade com tendências próprias. Pretenderam desenvolver projetos nacionais, mas passaram ao largo do sistema. O modelo era o europeu, sendo clara a cumplicidade política da representação pós 1914: bolchevismo ou fascismo. A ANL e a AIB atuavam num momento em que o governo se via impossibilitado de articular os interesses.

Desde o seu nascimento, a Ação Integralista Brasileira, movimento de cunho fascista, teve uma característica que vai acompanhá-la até o fim: a estreita relação com a repressão de Estado. Os integralistas deveriam ser sempre a ponta-de-lança da repressão ao comunismo.

A A.I.B. representou uma alternativa conservadora para a centralização do Estado. Pretendeu reunir pessoas que desde 1922 pensavam o Brasil e formular um projeto político dentro de uma ordem social única, mas num somatório de todos os elementos centralizados num Estado Totalitário. Foi o primeiro foro de um projeto alternativo naquele vazio de poder. Por sua vez, a A.N.L tinha o mesmo projeto centralizador, mas à esquerda: contra o capital; reforma agrária; participação do operariado; Estado popular. Eram as duas tendências internacionais colocadas no Brasil.

O que aconteceu de fundamental em 1935? A Intentona que mudou a história do Brasil. Em 1935, pela primeira vez, tivemos um movimento tentando assaltar o poder em nome de uma revolução para modificar as estruturas sociais. A ANL e a AIB, eram projetos inaceitáveis frente aos grupos dominantes. A AIB com seu fascismo ia de encontro às diversidades dos grupos regionais. O bolchevismo da ANL, então, nem pensar.

Em 1935 ficou claro que a Intentona demonstrava a possibilidade de uma revolução tão temida. Verificou-se, então, a necessidade de reformas sociais. A ANL estava organizada em todo o Brasil, como no caso de Natal que, num primeiro momento, um ou dois dias, foi vitoriosa e implantou algumas propostas da esquerda.

O Programa do Governo Popular Revolucionário de 1935 pretendia a taxação de determinados setores industriais; controle financeiro e nacionalização dos bancos. Alegava que não pretendia um governo comunista, mas popular, buscando a efetivação de uma política fiscal de sobretaxa dos capitais. No mérito o fundamental estava no desenvolvimento auto-sustentado. Em 1935 tivemos uma típica bandeira de esquerda, que pela primeira vez foi apresentada: a luta pela ampliação do mercado interno. Aquela época representou um momento de modelos autocentrados. O "crash" da bolsa de 1929 tinha mostrado o risco de uma economia livre.

A ANL não era só um movimento de massa, mas articulada institucionalmente com membros, inclusive das forças armadas. Ela se mostrava como uma realidade revolucionária concreta. O problema foi a precipitação. Equívoco de avaliação do momento da ação. Infiltração policial. Assessores estrangeiros, mostrando a imagem de um movimento internacional soviético contra os interesses nacionais.

1935 representou um marco importante porque revelou o conflito ideológico no Exército, mostrando desagregação ideológica muito forte dentro da Instituição. Na década de 20 o Exército se mostrava empenhado com o sentido progressista; em 35, com os expurgos, muda a sua posição ideológica, na direção da autoridade interna comprometida com a centralização assumindo uma postura anticomunista, que vai ser determinante depois da 2ª Guerra, na questão da Guerra Fria.

Em 1935 desaparece a idéia de um Exército subordinado aos anseios da sociedade.

Os vencedores de 1935 eram direitistas no Exército. O Exército deixa de ser um lugar onde as idéias podem circular mais livremente.

1935 foi importante também, porque representou um alerta vermelho que acendeu no painel da classe dominante. O risco da bolchevização do Brasil tornou-se evidente. Entenderam que era hora de abrir caminho para aliviar as pressões de décadas da sociedade.

1935 abriu caminho para 1937. As pessoas se convenceram de que se não fizessem a "Revolução", outros a fariam. Os grupos ligados a Getúlio passaram a exigir medidas: construção de um discurso do Estado que incorporasse a Nação, com seus desdobramentos.

O estopim foi administrado por Vargas, num ambiente que não havia consenso para o estabelecimento ditatorial. A desculpa para o golpe foi o "Plano Cohen", revelador de uma conspiração comunista. Apesar de se tratar de uma farsa, foi suficiente para Getúlio se apresentar como alguém que poderia salvar o Brasil do comunismo em outubro de 1937, com a implantação do Estado Novo. Foi dada uma carta à Nação. A "Polaca", que tinha no seu corpo que ela só entraria em vigor após um plebiscito, o que nunca ocorreu, deixou aberta a porta para que Getúlio estabelecesse a trágica ditadura.

O Brasil estava numa situação angustiante. A classe política não conseguia estabelecer o pacto político. Tinha dificuldade de se situar diante da desordem mundial. Neste momento você tinha que escolher entre ser direitista ou comunista. Portanto, o movimento no Brasil é de direita em oposição ao comunismo: defesa da família, da Pátria, de Deus contra o comunismo. A intervenção do Estado Novo na economia foi compatível com o que estava acontecendo no mundo, dentro da perspectiva de um Estado Intervencionista que visava preservar o grande capital, ao contrário do comunismo.

Vargas também não sabia em que lado a Ordem Mundial seria construída. Então buscou aliança com aqueles setores mais agressivos como a Alemanha e a Itália, fazendo do Estado Novo absolutamente autoritário. O modelo do Estado Novo foi totalmente centralizador. Em 37 acentuaram-se todas aquelas tendências que vinham desde 1930, sendo que o movimento comunista de 35 precipitou o arbítrio da direita. Por isso mesmo, para se defender do comunismo, o Estado foi buscar salvaguardas sociais, apesar das limitações sindicais, mas com concessões trabalhistas controladas nas práticas políticas, dimensionando de forma totalmente nova o caráter do público e do privado da Nação. Políticas fiscais altamente centralizadas para atender as necessidades sociais. Neste momento o interesse público passou a superar o interesse do privado e isto só pôde ser feito naquele momento através da força centralizadora. O comunismo justificou tudo: as reformas e os atos de força. O comunismo era visto como o destruidor do público; incentivador da anarquia. Então tudo deveria ser feito para valorizar o público sobre o privado.

Do ponto de vista político, Getúlio, em 37, anulou, com o apoio do Exército, os grupos políticos dominantes locais, nomeando interventores tendo, como órgão máximo da administração pública, disciplinador das interventorias, o DASP. Subordinado ao DASP tivemos as diferentes administrações D.A. (Departamento da Administração) às quais os interventores tinham que prestar contas. Foi o fim do que restava da autonomia dos estados. O DASP criou um grupo de burocratas civis para dar ordem ao sistema. O concurso público foi valorizado.

O concurso público foi importante para os setores médios emergentes. Passou a ser a expressão da nacionalidade, sem mais aquele comando das classes que nomeavam sem concurso. Formou-se a imagem do funcionário público competente, compromissado e reconhecido pelo Estado, enfim, a consolidação dos objetivos de 30, com a valorização do funcionalismo.

Outra determinação do Estado Novo foi a ação dirigida sobre os sindicatos. Consolidação das Leis do Trabalho; a CLT; 8 horas de jornada; salário mínimo. Tudo permitindo um controle concreto do Ministério do Trabalho sobre os sindicatos. Manter os sindicatos à margem dos movimentos sociais. Líderes sindicais consentidos.

Esta estrutura muda a da República Velha onde os letrados se sobrepunham aos analfabetos. Agora, no Estado Novo, os líderes mantêm relações com segmentos outrora excluídos da sociedade. Agora temos um sentido de nacionalidade com um projeto de assimilação a longo prazo. Em 37, depois daquele início em 30 sem projetos, tivemos, finalmente, um plano de hegemonia, mas à custa de uma terrível ditadura. Esta determinação sepultou os movimentos como ANL e a AIB. Esta foi a grande obra do Estado Novo: fundou uma sociedade com um novo tipo de articulação do Estado com os segmentos excluídos sem que tenha sido necessário fazer uma nova revolução.

BIBLIOGRAFIA DE APOIO

1. CARONE, Edgard. A República Nova (1930-1937). São Paulo: Difel, 1974.
2. DECCA, Edgar. 1930: o silêncio dos vencidos. São Paulo: Brasiliense, 1981.
3. DULLES, John W. F. Getúlio Vargas: biografia política. Rio de Janeiro: Renes, s/d.
4. FAUSTO, Boris. A Revolução de 30. História e Historiografia, 4ª ed. São Paulo: Brasiliense, 1976.
5. GUEIROS, José Alberto. O último tenente: depoimentos de Juracy Magalhães. Rio de Janeiro: Record, 1966.
6. MENDES JR., Antônio & MARANHÃO, Ricardo. Brasil História Texto e Consulta. 2ª ed. V. 4. "ERA VARGAS". São Paulo: Brasiliense, 1982.
7. MENDONÇA, Sônia Regina de. "A consolidação da república oligárquica" in História Geral do Brasil, 4ª ed. Pp. 236-237. Rio de Janeiro: Campos Ltda., 1990.

Maçonaria na Universidade Nº 47

Por que nos Interessamos pelo Estudo da Maçonaria no Brasil Centrado nos Séculos XVIII e XIX?

Porque o período anterior expressa as utopias dos historiadores diante do misterioso e do fantástico, porquanto não há de servir ao estudo preocupado com o progresso científico, com a pesquisa e com a divulgação do conhecimento, característica dos setecentos e dos oitocentos. Neste período, o estudo se fez sob o prisma da Ilustração.

Especificamente no trato da questão do negro, os relatos e crônicas mostram uma preocupação desprovida o mais possível de preconceito. Evidentemente que a realidade era outra naquela sociedade escravocrata. Entretanto, o que pretendemos mostrar é a posição da Maçonaria brasileira no trato da questão do negro.

Esse espírito liberal, que tanto animou a juventude! Joaquim Nabuco conviveu no Rio e em São Paulo com figuras que marcariam a História.

Os séculos XVIII e XIX foram aqueles que separaram o conhecimento científico do religioso; separação entre a História da Terra e a História do Homem, estabelecendo-se a diferença entre ambas. Vico afirmava que só o homem tem história. A natureza não tem história sua. O homem não emerge da natureza, ele está, desde sempre, situado na natureza. Vico é o principal agente da mudança de uma mentalidade religiosa para uma postura científica moderna.

Uma leitura atenta da história maçônica neste período torna evidente que a Instituição nas suas posições religiosas como nas suas opções políticas, se apresentava como seguidora das Doutrinas do Direito Natural e se pode descobrir nas suas análises da evolução da humanidade claras sugestões da teoria cíclica de Vico.

O ilustrado considera que o passado não apresenta um referencial obrigatório para a evolução da humanidade, senão o conjunto de erros que somente a razão pode explicar, único meio de se chegar a uma religião natural que iguale todos os homens a um deísmo que não nega a Deus, mas o relega à função de primeiro motor da existência.

Esta "religião natural" que iguala todos os homens num deísmo que não nega a Deus, está expressa na Constituição de Anderson de 1723, primeiro documento da moderna Maçonaria, na sua parte concernente a Deus e à Religião. Portanto, o contexto da época do nascimento da Maçonaria moderna era o esclarecimento:

Um Maçom é obrigado, por sua condição, a obedecer à Lei Moral; e se compreende bem a Arte, não será jamais um ateu estúpido, nem um libertino irreligioso. Mas se bem que nos tempos antigos os Maçons fossem obrigados em cada país a ser da religião, qualquer que fosse, desse país ou dessa nação, contudo é considerado mais conveniente de somente os sujeitar àquela religião sobre a qual todos os homens estão de acordo, deixando a cada um suas próprias opiniões; isto é, serem homens de bem e leais, ou homens de honra e de probidade, quaisquer que sejam as denominações ou confissões que os possam distinguir; pelo que a Maçonaria se torna o Centro de União, e o meio de firmar uma amizade sincera entre pessoas que teriam ficado permanentemente distanciadas.

Deste modo, o sentido que damos ao termo ilustrado, no Brasil Imperial da segunda metade do século XIX, é o de esclarecimento, renome, realce. Pressupõe ser o ilustrado um homem com grande conhecimento histórico, científico, artístico. Enfim, um personagem ilustre pelo seu saber; um erudito.

Tivemos a oportunidade de ler uma resenha crítica a uma palestra proferida pelo professor Paulo Mesquita Mendonça, que tratava do tema liberdade e igualdade. Para o professor liberdade e igualdade representa uma contradição, em termos, que a Revolução Francesa nos passou e que são

Espírito prático, disciplina, bons exemplos: por tudo isso o cidadão José Maria da Silva Paranhos, Visconde do Rio Branco, ganhou fama como diplomata e pacificador

termos filosoficamente contraditórios: "Ou se é livre ou se é igual". Os homens são desiguais. Para se obter a igualdade é preciso usar a força, passar o trator em cima da sociedade e nivelar num mesmo plano. Neste sentido, podemos argumentar que a liberdade na condições do tempo e lugar – Brasil Império – não era para todo o mundo, mas para aqueles que possuíam, a liberdade dos que pagavam impostos.

Apesar de oportuna a contradita apontada pelo professor, não devemos nos esquecer que a liberdade e a igualdade nos remete à trilogia dialética, utilizada pela Maçonaria, "Liberdade, Igualdade e Fraternidade". São, efetivamente, termos que só se compreendem pela negação da negação. Assim, a assertiva de que "ou se é livre ou se é igual", estaria dentro da categoria fundamental da lógica dialética. Os Maçons ilustrados trabalharam pela emancipação lenta e gradual do negro dentro dos pressupostos dialéticos onde a liberdade era entendida como um "progresso refletido; progresso racional", conforme se comprova no discurso do Visconde do Rio Branco por ocasião da homenagem que lhe foi prestada nas dependências do Grande Oriente do Brasil em março de

1872, alusiva às comemorações da promulgação da Lei do Ventre Livre.

Sérgio Buarque de Holanda reconhece a importância da Maçonaria na independência, destacando o papel que os Maçons puderam desempenhar no movimento de libertação e afirma que a partir de 1852 esta importância entrou em declínio, "confundindo-se com ela (...) uma doutrina [positivismo], também agnóstica e que na era do Progresso, visava a nada menos do que a regeneração da Humanidade pela Ciência".

Talvez o declínio apontado por Sérgio Buarque de Holanda tenha sido uma mudança de rota dos Maçons, naquele momento histórico, na direção do humanismo contido na filosofia moral que buscava descobrir o homem pelo homem. Este humanismo ao lado do humanitarismo marcou esta geração maçônica preocupada com o escravismo.

Para expressar um sentimento de compaixão para com o homem, não importando a sua condição social e até mesmo os eventuais desvios morais, dentro de um entendimento universal, independente de credos religiosos e ideologias, utilizamos o termo humanitarismo. Ensina o dicionário que o humanitarismo representa a doutrina filosófica e política que visa a eliminar as injustiças reinantes no mundo a fim de se alcançar a felicidade humana, o amor à humanidade, a filantropia. Assim, em nome desta disposição afetiva devemos ultrapassar as exigências da justiça, pois onde não chega o direito, deve sobrevir o afeto, a afeição e o amor ao próximo, principalmente se ele é, eventualmente e naquele momento histórico, privado da liberdade.

Eric Williams nominou estes humanitaristas de santos. No seu estudo, o autor admite que "deliberadamente considerou de maneira secundária a desumanidade do sistema escravista e o humanitarismo que destruiu esse sistema". Entretanto, admite que "desprezar isso completamente porém, seria cometer um grave erro histórico e ignorar um dos maiores movimentos de propaganda de todos os tempos. Os humanitaristas foram a ponta de lança do assalto que destruiu o sistema das Índias Ocidentais e libertou o negro".

Não se trata de apresentar a emancipação do negro como resultado único de uma abominável injustiça, mas pontuar a Maçonaria como promotora do ideal humanitarista nos diversos momentos em que se propôs a promover a libertação do negro. São princípios constitucionais da Instituição a condenação e exploração do homem, proclamando que ele deve ser livre e igual em direitos.

Ao lado de emancipacionistas vamos encontrar, principalmente após a promulgação da lei do Ventre Livre, abolicionistas notórios como Joaquim Nabuco. Apesar dos Maçons abolicionistas, o comportamento da maioria dos Maçons sempre foi na direção da abolição lenta e gradual, respeitando a propriedade. Não foi outro o comportamento dos positivistas brasileiros que, se não negavam Augusto Comte, defendendo a eliminação da escravidão, propunham, como a maioria dos Maçons, a moderação racional na questão do negro no Brasil.

Sem ser positivista, a Maçonaria brasileira, naquele momento, confundiu-se com o positivismo, na busca da "regeneração humana". A preocupação com a escravidão, com o federalismo e, finalmente com a República, entendida como progresso científico, pode ser, igualmente, encontrada, tanto nos pronunciamentos positivistas quanto nas atas de diversas Lojas Maçônicas. Entretanto, seria temerário identificar esta sede filosófica [positivismo] com a Instituição, pois a mesma no Brasil, se apresentava muito mais contraditória do que se pode imaginar, daí a imensa dificuldade de se determinar, com segurança, a influência das correntes de pensamento na Maçonaria no século XIX.

Maçonaria na Universidade Nº 48

O Meio Ambiente

Este artigo tem o objetivo de conscientizar o leitor com relação ao gravíssimo problema do meio ambiente.

Vejamos, inicialmente, quanto tempo leva a natureza para absorver determinados detritos[1]:

O jornal, que inadvertidamente esquecemos sob a árvore que nos deu a sombra, levará de 2 a 6 semanas para ser absorvido. As embalagens de papel, de 1 a 4 meses. As cascas das frutas, que nos alimentaram de forma tão sadia, cerca de 3 meses, assim como os guardanapos de papel. As

(1) Os dados aqui reproduzidos foram fornecidos pela Secretaria Municipal de Meio Ambiente de Porto Seguro (BA).

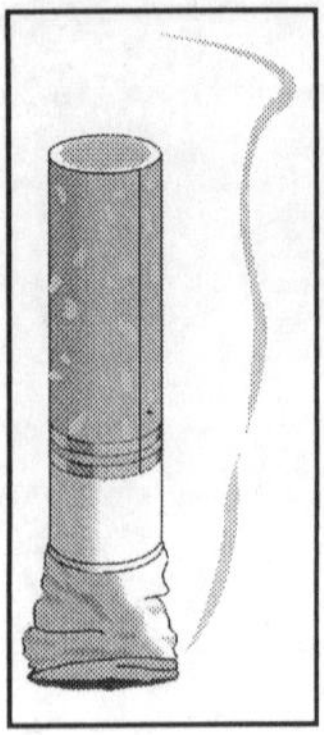

pontas de cigarro exigirão da mãe natureza um longo trabalho de 2 anos; o fósforo, outros dois anos. O chiclete dos nossos filhos, 5 anos. O nylon de 30 a 40 anos. Os sacos e copos plásticos de 200 a 400 anos. As latas de alumínio de 100 a 500 anos. As tampas de garrafa de 100 a 500 anos. As pilhas de 100 a 500 anos e as garrafas e frascos de vidro ou plástico, não podem ser determinados.

Qualquer bom dicionário classificará a ecologia como um ramo do conhecimento interessado na relação humana com o meio ambiente; a adaptação do homem a esse ambiente visando, sempre, a melhoria das condições de vida da espécie.

Esta apreciação teórica nos remete à questão da cultura, da educação, da civilização.

O homem conscientizado, educado socialmente, compreende que não deve lançar nas praças públicas, nas estradas e nas praias, o lixo; o ignorante[2] não tem esta percepção.

O ecologista sabe que o ser humano, ao retirar do mar as conchas, as "estrelinhas", as "plantinhas" e os "peixinhos", estará comprometendo o ciclo natural e acarretando um possível desequilíbrio do meio ambiente; o excluído socialmente não tem consciência desta verdade.

Os animais silvestres existem para ornamentar a natureza e manter o ciclo

(2) O sentido dado à palavra ***ignorante*** não pretende ser pejorativo, mas da pessoa que não tem conhecimento.

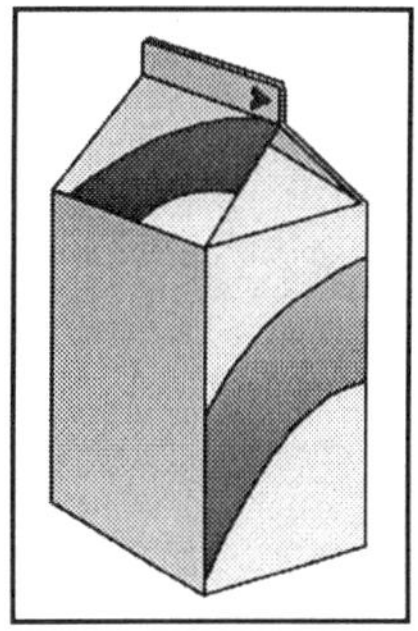

natural da vida. O ecologista compreende esta lei; o sem cultura coleciona os pássaros nas gaiolas e devora as tartarugas nos seus próprios cascos.

Qualquer um de nós terá, no devido momento, a oportunidade de perceber estas questões e lutar por elas. Cuida-se de algo muito mais importante do que as nossas vidas, trata-se da existência do próprio planeta.

Evite qualquer ato que possa melindrar o equilíbrio ambiental. Não provoque incêndios, jogando pontas de cigarro acesas. Mantenha a praia limpa. Considere a rua uma extensão de sua própria casa. Uma residência não estará completamente limpa se a calçada não brilhar. Portanto, não varra o lixo da sala para a fronteira da rua.

Enfim, seja um homem educado socialmente. Experimente com resignação a importância do meio ambiente. Utilize qualquer meio alternativo de sociabilidade para realizar este objetivo. Para alcançarmos este fim não precisamos nos transformar em adoradores da natureza, mas em seus mais ardorosos colaboradores. Só assim seremos homens educados socialmente e culturalmente reconhecidos.

∴

Maçonaria na Universidade Nº 49

Freqüentemente somos abordados a respeito da Maçonaria. Na verdade as pessoas estão curiosas a respeito desta Instituição, normalmente identificada com as sociedades secretas e conspiradoras do século XIX.

Muitas foram as sociedades secretas no século imediatamente anterior ao XX. O propósito político daquelas organizações era viver a "Era das Revoluções" identificada pelo historiador Eric Hobsbawm com a Revolução Francesa e a Industrial, que teve origem na Inglaterra[(1)]. Foi o domínio da Europa sobre o resto do mundo e o nascimento do capitalismo industrial.

O declínio dessas sociedades se deu próximo ao ano de 1848, quando encontramos partidos políticos bastante

---

(1) Para um completo entendimento da transformação por que passou a sociedade européia entre os anos 1789 e 1848, veja Eric. Hobsbawm, **A Era das Revoluções**, 9ª ed., Rio de Janeiro: Paz e Terra, 1994.

Furiosa com a suposta traição de Luís XVI, a população das Tulherias, onde a família real havia sido confinada pelo governo, ainda com alguns privilégios

atuantes. Foram eles que prepararam o mundo para viver uma nova transformação, quando o fogo revolucionário arrefeceu dando lugar aos anos críticos de 1848 a 1875[(2)].

Nosso propósito neste artigo não é tratar da fascinante História Contemporânea, mas tentar identificar a Maçonaria como meio alternativo de sociabilidade e frente às sociedades secretas. Estas, da mesma época da "Era das Revoluções"; aquela, mercantil, fraternal e pacífica, nascida com as luzes dos setecentos.

Na falta de uma explicação teórico-metodológica a respeito da sua história, a Maçonaria tem permanecido em um vazio histórico, contribuindo para uma indesejável identificação com as ditas sociedades secretas.

A Maçonaria conceitualmente representa um meio alternativo de sociabilidade onde encontramos homens preocupados com a virtude, com a fraternidade, com a solidariedade, com a igualdade e com a liberdade. Entretanto, esta preocupação idealista dos Maçons não os obriga a uma

(2) Mais uma vez remeto o leitor a Eric Hobsbawm que analisou com profundidade este período de ascensão do capitalismo industrial e da consolidação da cultura burguesa ***in*** **A Era do Capital**, 2ª ed., Rio de Janeiro: Paz e Terra, 1979.

atitude extremada na busca dos seus objetivos. Os estudos de pesquisadores importantes, como os do jesuíta Ferrer Benimelli[3] e de Oliveira Marques[4] apontam nesta direção.

As chamadas sociedades secretas, ao contrário, sempre atuaram nas sombras, na busca dos seus objetivos. Dos seus membros era exigido um juramento extremo e o compromisso da própria vida. Muitas das acusações feitas contra a Maçonaria são originárias da indevida identificação dos seus Rituais com as práticas sombrias de diversas sociedades secretas, entre elas, fundamentalmente, a Carbonária[5].

Devido ao seu Ritual, a Maçonaria tem, igualmente, sido identificada com outros tipos de sociedade: as ocultistas. Os Maçons, na sua grande maioria – ***fundamentalmente nos chamados países do primeiro mundo*** – não estão a procura do Santo Graal e não se consideram místicos. Os próprios estatutos da sociedade e a Constituição de todas as Potências Maçônicas, determinam uma total liberdade de

---

(3) J. A. F. Benimelli **Masoneria Iglesia e Ilustracion**, 2ª ed., 4 vv., Madrid: Fundacion Universitaria Española, 1983.

(4) A. H. Oliveira Marques. **História da Maçonaria em Portugal: Das Origens ao Triunfo**, v. 1, Lisboa: Editorial Presença, 1990.

(5) Sobre a falsa identificação entre a Maçonaria e a Carbonária veja: Frederico Costa, **A Maçonaria Dissecada**, pp. 41/46, Londrina: Editora Maçônica "A TROLHA", 1995.

pensamento. Se alguns Maçons se consideram espiritualistas, ocultistas ou místicos, estão a praticar o direito do livre pensar, mas não representam de forma alguma os fundamentos da sociedade na qual se filiaram.

A Maçonaria pertence à categoria das sociabilidades e práticas culturais. Assim, pratica a leitura em todos os seus níveis. Busca constantemente o intercâmbio cultural não apenas nos diversos segmentos maçônicos, mas, também, na esfera civil, seja ela pública ou privada.

Aqueles que se interessam pelo estudo da Maçonaria devem começar por avaliar os instrumentos metodológicos e as diversas abordagens em relação à história cultural desta sociedade, que possui um vasto campo cultural de produtos simbólicos, contrapondo as formas de ser das chamadas sociedades secretas ou ocultistas.

Estudar a Maçonaria é o mesmo que estudar o conceito de sociabilidade, palavra polissêmica, com vários sentidos. Na década de 60 na França, o primeiro a trabalhar com o tema foi Maurice Agulhon com a tese "Penitentes e Maçons na Antiga Provença".

O título original desta tese era "Confrarias e Associações na Provença do Século XVIII". Agulhon rompeu com a visão impressionista do estudo das associações. Ele estava propondo estudar as sociabilidades pelas densidades das associações constituídas e as mudanças que sofriam em determinado quadro histórico e geográfico. Propôs uma história comparativa, quantitativa e o estudo das características das associações, inclusive estudando suas identidades.

Para Maurice Agulhon, as associações são multifuncionais: podem desempenhar ao mesmo tempo diversas funções. Portanto, fica difícil estabelecer uma tipologia das sociedades sem se levar em conta as características multifuncionais.

As sociabilidades podem ser apontadas como promotoras de movimentos emancipatórios. No Brasil, o último estudo a respeito deste tema, englobando o processo de independência, foi o de Moreira Azevedo, publicado na forma de artigo na Revista do IHGB em 1885. A partir daquele momento o tema ficou marginalizado e inexplorado, a não ser pelo fato de ter sido publicado em algumas poucas monografias[(6)].

Segundo o professor Marcos Morel, que estudou o período brasileiro de 1820-1840, as associações brasileiras apresentavam as seguintes e principais funções:

1: A filantropia que não deve ser confundida com a fraternidade revolucionária[(7)];

2: A função pedagógica, vizinha da filantropia, propondo levar a cultura para quem não a tem[(8)];

3: Associações de função cultural, protegendo os artistas e divulgando as atividades culturais.

Prosseguindo, o professor estabelece que as associações no Brasil, entre elas a Maçonaria, se situavam no espaço público moderno - ***distante do espaço antigo, representado pelas confrarias religiosas, entre outras*** - e delimitadas em 4 etapas:

1ª - 1808/1821. Chegada de D. João VI, marcada pela permanência do antigo modelo de sociabilidade - ***os homens das letras não são bem tolerados***. Duas associações estrangeiras foram autorizadas: a associação filantrópica dos suíços (1819) e a sociedade germânica (1821).

2ª - 1821/1822. Marcada pelo Grande Oriente Brasileiro que teve papel importante na independência.

3ª - 1822/1829 (30). Caracterizada pela posição do

---

(6) Apud Prof. Dr. Marcos Morel, UERJ.

(7) Cif. a obra de Maurice David, "A Primavera da Fraternidade", Galimard, 1992, para compreender a fraternidade na França do século XVIII.

(8) Foi o momento em que começaram a surgir no Brasil as sociedades com estas características.

governo de D. Pedro I com relação ao movimento associativo. A Constituição de 1824 proibiu a existência de Corporações de Ofícios típicas do Antigo Regime. Tratava-se da ponta inicial da modernidade. Momento de repressão ao Imperador. Levantes. O parlamento só vai funcionar em 1826. Entretanto, D. Pedro I criou associações profissionais. Em 1827 surge a Sociedade Auxiliadora da Indústria Nacional, precursora do IHGB e do Instituto Fluminense de Agricultura, com papel político, econômico e social.

Segundo um manifesto assinado por Lima e Silva da Maçonaria do Passeio, em 1825, funcionava, clandestinamente, a Loja "Vigilância da Pátria".

4ª - 1831/1840. Representou uma verdadeira explosão do movimento associativo.

Retomada dos Trabalhos Maçônicos. A associação mais importante foi o IHGB, nesta fase final, encerrada em 1848, com o Clube da Maioridade.

De tudo o que foi exposto, fica a constatação de que a Maçonaria efetivamente representa uma forma alternativa de sociabilidade. Os Maçons nada mais procuram do que viver em comunidade, em comunhão com o mundo. Não são revolucionários no sentido da luta contra o poder constituído, mas progressistas no sentido de promover o bem-estar na comunidade global. A Instituição, fundada em 1717, tem andado de mãos dadas com o progresso racional da humanidade. Filha da Ilustração, tem buscado as luzes dos séculos e a alegria de viver em união. São princípios normativos de qualquer meio alternativo de sociabilidade, e nada mais.

∴

Maçonaria na Universidade Nº 50

A Simonia

Consta que Simão, mago de Samaria, reconhecido pelos seus seguidores como "o poder de Deus, que se chama Grande", sugerindo ser ele o dirigente de um culto agnóstico[(1)], teria sido convertido pela pregação dos apóstolos logo após o episódio da descida do "Espírito Santo" naqueles seguidores de Jesus.

Parece ser entendimento corrente[(2)] que o mago estava na verdade impressionado pelas qualidades especiais de liderança daqueles homens, derivadas ou não da aprovação direta da divindade, da magia, do diabo ou de uma individualidade excepcional e quis trocar o "dom" por dinheiro. A partir deste episódio surgiu o pecado de simonia, ou seja, tráfico comercial de coisas sagradas[(3)].

---

(1) At. 8, 9-24.
(2) Veja, principalmente, John L. Mackenzie, Dicionário Bíblico, São Paulo: Edições Paulinas, 1984.
(3) Idem.

A questão que se apresenta neste momento é tentar estabelecer a simonia também nas experiências frustrantes daqueles que pretendem comprar os benefícios e conhecimentos de determinado meio alternativo de sociabilidade.

Qualquer sociedade que pretenda o estudo ético e desinteressado da verdade terá, com certeza, um acervo importante nos seus códices. Estes arquivos, em alguns casos centenários, são, de certa forma, relíquias sagradas para os membros da Instituição e causam profunda curiosidade naqueles não iniciados no conhecimento. Até mesmo alguns participantes do grupo podem se mostrar aflitos para desvendar o véu do mistério sem o necessário preparo.

Assim tem acontecido na Maçonaria. Muitos dos seus membros não têm conseguido explicar os benefícios da associação dos Maçons sem deixar transparecer uma aura provocativa de mistério. Deste modo a Instituição tem sido apresentada como secreta e possuidora de terríveis segredos que teriam o poder de alterar o rumo natural do mundo.

Uma pseudo-sociedade secreta detentora de tal poder deixa, naturalmente, de ser uma obra humana para transformar-se em algo venerável, representada por dignidades, possuidora de sacramentos e repletas de coisas sagradas. Enfim, um poder transcendente à capacidade humana de produzir os efeitos mais significativos na esfera do poder. Deste modo tem sido a Maçonaria vista por muitos. Desta forma tem ela sido perseguida, mas também louvada pelos que trocaram a razão pela superstição.

A Maçonaria – ***renovamos aqui o conceito teórico indispensável para a sua hermenêutica*** – representa uma perfeita forma alternativa de sociabilidade. Seus membros nada mais são do que detentores de uma representatividade constituída pela razão e pelo discernimento humano. Ela não é sagrada, mas simplesmente humana. Suas relíquias encontram-se nos museus de todo o mundo na forma de alforrias, de tratados internacionais que permitiram a libertação de povos oprimidos. Seu santuário está no ânimo dos seus membros de lutar pela edificação de uma sociedade solidária, Justa e Perfeita.

Estes valores não permitem uma venda ilícita, sequer suportam uma tentativa como aquela de Simão, o Mago, que pretendeu comprar a São Pedro o dom de conferir o Espírito Santo. Não há o que vender na Maçonaria, mas há muito o que trocar com ela. Não será o dinheiro o meio apropriado para este intercâmbio, mas a cultura, o conhecimento e a busca incessante da verdade.

Frederico Guilherme Costa

Maçonaria na Universidade Nº 51

Escravo Branco?

Descoberta pelo pesquisador maçônico Marcos Santiago[1], temos uma carta do Chefe de Polícia Caetano José de Andrade Pinto, datada de 15 de junho de 1875, encaminhada ao Grão-Mestre do Grande Oriente do Lavradio, Visconde do Rio Branco, relatando a situação do escravo Apolinário, ***branco***, de 28 anos, então recém-chegado do Maranhão, propriedade de Alberto Ferreira da Silva Santos, e o pedido de intervenção da Maçonaria:

Visconde do Rio Branco

(1) Marcos de Almeida Santiago. Trabalho sobre a participação da Maçonaria brasileira à Loja de Pesquisas do Grande Oriente do Brasil, novembro de 1991.

> *E porque esteja convencido da filantropia desenvolvida, em caso tais, pelas Sociedades sob a direção Superior de V. Exª, vou rogar a V. Exª toda a benevolência a favor do infeliz Apolinário, certo de que aquelas Sociedades apreciarão o ensejo de porem em prática a elevada missão de beneficência aos desvalidos*[2].

Do mesmo documento consta o despacho do Grão-Mestre ao Grande Secretário, Dr. Luiz Antônio da Silva Nazareth, de 21 de junho do mesmo ano, determinando que, "ouvido a Com∴ de Beneficência e o Irm∴ Thezoureiro Geral informe qual o auxílio que podemos prestar e que m[to] desejo se realize".

Este despacho do Grão-Mestre vem comprovar que a Maçonaria brasileira atuou enquanto Instituição na defesa da emancipação do negro, ou seja, gradualmente e respeitando a propriedade, ao contrário da opção abolicionista que pretendia a liberdade imediata e sem compensação de qualquer espécie, como aquela defendida por José do Patrocínio e Joaquim Nabuco.

Entretanto, o despacho do Grão-Mestre não explica a cor branca do Apolinário. O Brasil teve escravos brancos como na Grécia e na Roma antiga? Estava o Império na direção oposta do escravismo "moderno", onde o estatuto legal do cativeiro representa a discriminação racial?

Apesar de encontrarmos no "Jornal do Comércio" de 1858 um artigo intitulado "Escravo Branco" no qual podemos ler: "Apresentou-se ontem na Praça do Comércio um homem branco, de olhos azuis e cabelos louros, de 25 a 26 anos, que jaz no cativeiro e pedia uma subscrição para comprar a sua liberdade. As pessoas presentes mal podiam acreditar que esse homem fosse escravo", os organizadores

---

(2) Cópia do documento em nosso poder.

do recenseamento de 1872 decidiram que não havia, em nenhum canto do Império, nenhum escravo branco. Todos são computados pretos (69%) ou pardos (31%)[(3)].

Assim, como explicar a condição de escravo do Apolinário e daquele homem branco, louro, de olhos azuis, mencionado no artigo publicado em 1858 pelo "Jornal do Comércio?

Com a eliminação do tráfico negreiro em 1850, por iniciativa do conselheiro Eusébio de Queirós, surgiu um novo tipo de tráfico: o inter-regional.

Tínhamos uma crise geral das culturas do Nordeste, abrindo caminho para uma mão-de-obra excedente. Por outro lado, tínhamos a nascente cultura do café, em expansão no Vale do Paraíba indo na direção do Oeste Novo paulista, necessitando da mão-de-obra escrava, acorde com o sistema, dentro da estrutura política do Império, cuja conjuntura era o tráfico.

Uma apreciação foi feita com relação ao Nordeste e o Centro Sul, referente ao tráfico. Eles avaliaram que existia uma mão-de-obra ociosa no Nordeste, necessária no Centro Sul. Daí a eliminação do tráfico externo e a nova política de tráfico interprovincial.

O Nordeste teve a sua mão-de-obra valorizada e quitou os seus débitos. Com isto o Rio de Janeiro se legitimou como líder de classe ao administrar a conjuntura, agradando aos ingleses com a eliminação do tráfico negreiro, mas realizando outro tipo de tráfico, desta vez interno: o tráfico interprovincial. Isto explica por que o período da eliminação do tráfico negreiro é, igualmente, o período de apogeu do Rio de Janeiro. Os nordestinos queimaram seus ativos e pagaram suas dívidas e o café se expandiu.

---

(3) Cif. Luiz Felipe de Alencastro, "Vida Privada e Ordem Privada no Império", *História da Vida Privada no Brasil*, v. 2, pág. 88, São Paulo: Companhia das Letras, 1997.

Tudo indica que com este novo tipo de tráfico, apareceu na praça do Rio de Janeiro cativos brancos ou praticamente brancos. A explicação parece muito simples e foi apresentada por Luiz Felipe de Alencastro:

> *Seguindo a norma do direito romano, o direito imperial brasileiro prescrevia que o estatuto do filho seguia o estatuto da mãe: o filho da escrava nascia escravo. Naquela altura, alguns escravos brancos – filhos, netos e bisnetos de escravas mulatas e de brancos –, até então isolados em fazendas sertanejas, começaram a ser vendidos para a corte*[4].

O artigo do Jornal do Comércio não indica o lugar de origem do escravo branco, mas Apolinário era um recém-chegado do Maranhão no ano de 1875, em pleno apogeu do novo tráfico interprovincial. Sua cor, apesar de branca, não nos autoriza a considerá-lo isento do sangue negro, conforme sugere Alencastro com o argumento do direito imperial brasileiro. O fato é que a Maçonaria, ao atender o pedido de liberdade para Apolinário, não levou em consideração a raça, mas o estatuto da escravidão. Não existe nos documentos nenhuma referência especial ao fato de Apolinário ser branco. Estar ciente do escravo ser "branco" não inspirou procedimento diferente da Maçonaria das outras tantas alforrias promovidas pela Instituição.

Fica aberta a questão do escravo branco numa sociedade excludente e racista como aquela do período abordado. Seriam aqueles brasileiros menos racistas se repetissem o estatuto romano, ao arrepio da lei, para escravizar um branco, ou cumpriam o princípio de que o filho de escrava nascia escravo? Com a palavra o leitor...

∴

(4) Idem, pág. 87.

Maçonaria na Universidade Nº 52

O Agnosticismo e o Rito Moderno

Temos plena consciência de que a trajetória histórica do Rito Moderno não foi linear, mas através de rupturas a partir da grande transformação ocorrida em 1877 que eliminou dos Rituais a obrigatoriedade da forma invocativa do Grande Arquiteto do Universo e a Bíblia.

Entre as discussões de 1876 e a votação das reformas de 1877, a Maçonaria francesa chegou a algumas conclusões, fruto de um processo de evolução racional no sentido de não admitir sectarismo religioso. Assim entenderam os constituintes:

> *A Franco-Maçonaria não é deísta, nem atéia nem mesmo positivista. Enquanto Instituição afirmando e praticando a solidariedade humana ela é estranha a todo dogma e a todo credo religioso*

qualquer que ele seja. Ela tem por princípio único o respeito absoluto à liberdade de consciência.

Não pretendemos negar ou afirmar qualquer dogma, a fim de permanecermos fiéis ao nosso princípio e a nossa prática de solidariedade humana.

Deixemos aos teólogos a tarefa de discutir os dogmas.

Mas que a Maçonaria fique como ela deve ser, quer dizer, uma Instituição aberta a todos os progressos, a todas as idéias morais elevadas a todas as grandes aspirações grandiosas e liberais.

A Assembléia considerando que a Franco-Maçonaria não é uma religião; que ela não pode conseqüentemente afirmar na sua constituição doutrinas ou dogmas, adota o voto nº IX. (Assembléia Geral de 1877 que aprovou as supressões.)

O texto é bastante claro no sentido de afastar da Maçonaria qualquer tendência religiosa ou dogmática. Ela se oferece "a todos os progressos, a todas as idéias morais elevadas a todas as grandes aspirações grandiosas e liberais", ao mesmo tempo que remete a discussão dos dogmas aos teólogos sem, contudo, impedir a livre consciência daqueles que crêem. Esta disposição da Maçonaria francesa seria uma forma de agnosticismo?

Francis Bacon já distinguia no século XVII três tipos de filósofos: os que pensam que conhecem a verdade, ou dogmáticos presunçosos; os que acreditam que nada pode ser conhecido, ou céticos desesperados; e os que continuam a fazer perguntas a fim de obter um conhecimento imperfeito ou inquisidores persistentes(1).

A expressão "agnosticismo" é contemporânea da reforma na Maçonaria francesa. É difícil acreditar que inexistisse tal palavra antes da segunda metade do século XIX, mas a evidência se encontra durante as reuniões preparatórias na Sociedade Metafísica, organizada em 1869 por James Knowles, editor e empresário de vanguarda, com o apoio de Tennyson, festejado intelectual(2).

Numa das reuniões desta sociedade, Thomas Henry Huxley, jovem biólogo e grande defensor da teoria da evolução das espécies de Darwin, instado a esclarecer a sua sede filosófica, declarou:

> *Quando cheguei à maturidade intelectual, e comecei a perguntar-me se era ateu, teísta ou panteísta, materialista ou idealista, cristão ou livre-pensador, percebi que quanto mais aprendia e refletia menos fácil era a resposta, até que por fim cheguei à conclusão de que nada tinha a ver com nenhuma dessas definições, com exceção da última. A única coisa em que todas essas excelentes pessoas estavam de acordo era a única coisa em que eu discordava delas. Estavam bastante seguras de que tinham atingido uma certa "gnose" – haviam, com maior ou menor sucesso, resolvido o problema da existência, enquanto eu estava bastante seguro do contrário, e possuía uma convicção razoavelmente*

---

(1) Cif. Roger Shattuck. *Conhecimento Proibido*, pp. 46/47. São Paulo: Companhia das Letras, 1998.
(2) Idem, p. 49.

> *forte de que o problema era insolúvel. E, como Hume e Kant a meu lado, não podia considerar-me presunçoso por aferrar-me a essa opinião.*
>
> *Portanto, meditei e inventei o que me parece ser um rótulo adequado: "agnóstico". Pensei nele como uma antítese sugestiva dos "gnósticos" da história da Igreja, que professavam conhecer coisas em que eu era ignorante, e utilizei a primeira oportunidade de apresentá-la à nossa sociedade (...) Para minha grande satisfação, o termo pegou.* [Vida e cartas, 1, 343 e 343-4.][3]

Até esse momento o mais próximo do termo "agnóstico" era o de ***livre pensador***, mas aquele que tinha dificuldade em crer era considerado um cético ou pirronista, algo bem diferente da ***dúvida*** exposta por Huxley. O significado, portanto, do "agnóstico" para o biólogo deve ser entendido como uma contraposição para com aqueles que adotam doutrinas segundo as quais é possível saber mais coisas do que nos permite a ciência[4]. Seis anos mais tarde será a vez de Darwin, em sua ***Autobiografia***, declarar-se ***agnóstico***:

> *O mistério de todas as coisas é insolúvel para nós; quanto a mim, contento-me em permanecer agnóstico*[5].

Até aqui tratamos da origem da palavra ***agnóstico*** no mundo ocidental. Vimos que a expressão é contemporânea da reforma de 1877, promovida pelo Grande Oriente da França. Ocorre que o sentido empregado pela Maçonaria francesa foi de muito maior amplitude do que se possa imaginar. Ela deu consistência teórica ao termo criado por Huxley. Assim, não pretendeu afirmar que não há de haver

---

(3) Retirado de Roger Shattuch, op. cit., p. 50.
(4) Cif. José Ferrater Mora. *Diccionario de Filosofía*, t. 1, p. 67. Madrid: Alianza Editorial, 1984.
(5) Retirado de Roger Shattuch, op. cit., p. 51.

um Deus, mas que não se sabe se Ele existe ou não. A oposição era contra aqueles que tinham a pretensão não apenas de conhecer o incogniscível, mas impor esta vaidade exagerada ao livre pensador.

O Rito Moderno não pergunta ao candidato à Iniciação se ele é ateu, teísta ou se acredita em um Ser Supremo. Seu compromisso, a partir da reforma, é com o agnosticismo e não tem por que negar esta condição racionalista. O racionalismo é a característica do pensamento de Rousseau, cujo Contrato Social procura fundar a Sociedade e o Estado em bases puramente racionais.

O racionalismo do Rito Moderno corresponde à exigência fundamental da filosofia e da ciência, pois tanto uma quanto outra são discursos lógicos, racionais, que pretendem o desenvolvimento humano na direção do possível, em cada intervalo do tempo histórico.

A idéia do conhecimento absoluto está travada pela impossibilidade humana de perceber o incogniscível, na medida em que ele se mostra instável frente à dinâmica humana. O conhecimento dialético cria constantemente novas contradições que trazem a reboque novos questionamentos. Dentro destes limites não há como impor racionalmente uma teleologia, pois apenas através de um dogma sustentado pela fé e pela revelação, privilégio daqueles que crêem, será possível chegar à verdade final. A opção está em crer ou permanecer na expectativa. A escolha é sua.

∴

Maçonaria na Universidade Nº 53

O Alvará de 30 de Março de 1818

Motivado pelo movimento contestatório pernambucano de 1817, onde se conspirou ocultamente, e ainda, dentro do pressuposto de que dele teriam participado alguns Maçons, embora não representassem a Maçonaria enquanto Instituição regular, o Alvará de 30 de março de 1818 proibiu as sociedades secretas e ameaçava com penas rigorosas aos seus membros e aos que participassem sob qualquer pretexto, de suas atividades. Ei-lo:

> *Eu El Rei faço saber aos que este Alvará com força de Lei virem: Que tendo-se verificado pelos acontecimentos, que são bem notórios, o excesso de abusos, a que têm chegado as Sociedades Secretas, que com diversos nomes de Ordens ou Associações, se têm convertido em Conventículos e Conspirações contra o Estado; tem até agora procedido segundo as Leis do Reino, que não sendo bastante os meios*

correcionais, com que se proíbem qualquer Sociedade, Congregação de pessoas com alguns estatutos, sem que elas sejam primeiramente por mim autorizadas e os estatutos aprovados: E exigindo por isso a tranqüilidade dos Povos, e a segurança que lhes devo procurar manter, que se evite a ocasião e a causa de se precipitarem muitos vassalos, que antes podiam ser úteis a si, e ao Estado, se forem separados deles, e castigados os perversos, como as suas culpas merecem: E tendo sobre esta matéria ouvido o parecer de muitas pessoas doutas e zelosas do bem do Estado, e da felicidade dos seus concidadãos; e de outras do meu conselho, e constituídas em grandes empregos, tanto civis como militares, com as quais me conformei: Sou servido declarar por criminosas e proibidas todas e quaisquer Sociedades Secretas, de qualquer denominação que elas sejam; ou com nomes e formas já conhecidas, ou debaixo de qualquer nome ou forma que de novo se disponha ou imagine; pois que todas e quaisquer deverão ser consideradas, de agora em diante, como feitas para Conselho e Confederação contra o Rei e contra o Estado. Pelo que Ordeno que todos aqueles que forem compreendidos em ir assistir em Lojas, Clubes, Comitês, ou qualquer ajuntamento ou Sociedade Secreta; aqueles que para as ditas Lojas ou Ajuntamento convocarem a outros; e aqueles que assistirem à entrada ou recepção de algum sócio, ou ela seja com juramento ou sem ele; fiquem incursos nas penas da Ordenação Livro V, Título VI § § 5[1]

(1) Se algum fizesse conselho e confederação contra o Rei e seu Reino, ou tratasse de se levantar contra ele, ou se para isso desse ajuda, conselho, ou favor, pena.

e 9[(2)]*, as quais penas lhes serão impostas pelos juízes, e pelas formas e processos estabelecidos nas Leis para punir os réus de Lesa-Majestade*[(3)]*. Nas mesmas penas incorrerão os que forem chefes ou membros das mesmas sociedades, qualquer que seja a denominação que tiverem, em se provando que fizeram qualquer ato, persuasão ou convite de palavra ou por escrito, para estabelecer de novo ou para renovar, ou para fazer permanecer qualquer das ditas sociedades, Lojas, Clubes ou Comitês dentro dos seus reinos e seus Domínios; ou para a correspondência com outras fora deles; ainda que sejam fatos praticados individualmente, e não em Associação de Lojas, Clubes ou Comitês. Nos outros casos serão as penas moderadas a arbítrio dos juízes na forma adiante declarada. As casas em que se congregarem serão confiscadas; salvo provando os seus proprietários que não souberam, nem podiam saber que a esse fim se destinavam. As medalhas, selos, símbolos, estampas, livros, catecismos ou instruções, impressos ou manuscritos, não poderão mais publicar-se, nem fazer-se deles uso algum, despacharem-se nas alfândegas, venderem-se, darem-se, emprestarem-se, ou de qualquer maneira passarem de uma para outra pessoa não sendo para*

---

(2) Em todos os casos, e cada um deles é propriamente cometido crime de Lesa-Majestade, e havido por traidor o que os cometer. E sendo o cometedor convencido por cada um deles, será condenado que morra de morte natural cruelmente; e todos os seus bens, que tiver ao tempo da condenação, serão confiscados para a Coroa do Reino, posto que tenha filhos, ou outros alguns descendentes, ou ascendentes, havidos antes, ou depois de ter cometido tal malefício.

(3) Este crime era considerado um atentado contra o rei. Sua origem remonta aos romanos que fizeram das leis lesa-majestade objeto de terror e martírio. O antigo direito francês distinguia o crime de lesa-majestade divina (apostasia, heresia, etc.) e o crime de lesa-majestade humana (atentado contra o soberano ou contra o Estado). Nunca será demais lembrar que o Tiradentes foi supliciado por sentença condenatória de crime de lesa-majestade, por força das Ordenações do Reino de Portugal.

imediata entrega ao Magistrado: debaixo de pena de Degredo para um presídio, de quatro a seis anos de tempo, conforme a gravidade da culpa e circunstâncias dela. Ordeno outrossim que neste crime, como exceto, não se admita privilégio, isenção, ou concessão alguma, ou seja de fora ou de pessoa, ainda que sejam dos privilégios incorporados em Direito, ou os réus sejam nacionais ou estrangeiros, habitantes no meu Reino e Domínio e que possa haver Seguro, Fiança, Homenagem, ou Fiéis Carcereiros sem minha especial autoridade. E os Ouvidores, Corregedores, e Justiças Ordinárias todos os anos, devassarão deste crime na devassa geral: E constando-lhe que se fez Loja, se convidam ou congregam tais Sociedades, procederão logo à devassa especial, e à apreensão e confisco, remetendo os que forem réus e a culpa à Relação do Distrito ou ao Tribunal competente; e a cópia dos autos será também remetida à minha Real Presença. E este se cumprirá tão inteiramente como nele se contém sem embargo de quaisquer Leis ou ordem em contrário, que para este efeito hei por derrogadas, como se delas se fizesse expressa menção. E mande à Mesa do Desembargo do Paço, Presidente do Meu real Erário, Regedor das Justiças, Conselho da Fazenda, Tribunais, Governadores, Justiças e mais pessoas, a quem o conhecimento deste pertencer, o cumpram e guardem como nele se contém, e façam inteiramente cumprir e guardar, sem dúvida ou embargo algum etc. etc.

Rei

Tomás Antônio Vilanova Portugal[4]

(4) Tanto o texto do Alvará quanto o contido nas notas 1 e 2 foram extraídos da obra de Brasil Bandecchi, *A Bucha, a Maçonaria e o Espírito Liberal*, São Paulo: Editora Parma Ltda., 1982.

Esclarece Brasil Bandecchi, op. cit., p. 27 que "a Lei de 20 de outubro de 1823 revogou e cassou o Alvará de 30 de março de 1818 contra as sociedades secretas e declarou que todos os processos pendentes do mesmo Alvará, em virtude do mesmo alvará, ficavam sem nenhum efeito e sobre eles se fizessem perpétuo silêncio, como se não tivessem existido".

Observe-se que o Alvará levou 5 anos em pleno vigor e que a Maçonaria viveu no período o seu apogeu político. Este fato vem comprovar que a Instituição àquela época mostrava-se tal qual um verdadeiro partido político, sobrepondo-se a uma típica e regular sociedade dos pedreiros livres.

O fundamental, entretanto, é que pelo fato de muitos Maçons além de terem participado de movimentos revolucionários e desestabilizadores da ordem constituída, tal não afasta a consideração de que os mesmos contemporaneamente participavam de outras Instituições, estas sim, secretas.

Viço muito antigo é atribuir aos Maçons na independência um caráter secreto e conspiratório. Não, os Maçons na luta pela autonomia política eram, em primeiríssimo lugar, portugueses do Brasil em busca da cidadania brasileira que lhes era negada pelo Portugal opressor. Terminado todo o longo processo de emancipação, iniciado em 1822, tivemos a transformação do partido político na Maçonaria Regular e Universal, tão bem demonstrado no Manifesto do Grande Oriente do Brasil, sem data, assinado por José Bonifácio, na qualidade de Grão-Mestre, em que se comunicava ao "mundo maçônico" a reinstalação daquela Obediência. Encarregado de redigi-lo em 21 de janeiro de 1832, Joaquim Gonçalves Ledo fez a entrega em 17 de março de 1832, cujo original foi publicado por Nicola Aslan em *Biografia de Joaquim Gonçalves Ledo*, 2º v., pp. 287-294, Rio de Janeiro: Editora Maçônica, s/d.

Maçonaria na Universidade Nº 54

Júlio Frank, o Fundador da Bucha(1)

Em artigo intitulado "**A BUCHA**"(2) afirmamos que aquela sociedade, muito pouco discutida nos dias de hoje, seria o nome abrasileirado de *Burschenschaft* – **associação de estudantes alemães, fundada em Iena no ano de 1815, objetivando a unificação alemã** –, que em alemão significa **confraria de jovens companheiros**. Dissemos que Júlio Frank, um alemão do século passado, aqui chegado de maneira misteriosa, fugindo de supostas perseguições políticas, teria criado a sociedade nos moldes da alemã, com seus membros unidos pelo compromisso do silêncio. Mas quem foi, efetivamente, **Júlio Frank**?

Sacramento Blake(3) informa que Frank, "natural da

---

(1) Agradeço a Eduardo Carvalho Monteiro (SP) pela colaboração trazida com algumas das fontes.

(2) Maçonaria na Universidade Nº 32. Londrina: Editora Maçônica "A TROLHA", Nº 129, Ano XXVII, julho 1997.

(3) Sacramento Blake. *Diccionario Bibliographico Brazileiro.* Quinto Volume. Rio de Janeiro: Imprensa Nacional, 1899.

Alemanha e nascido no ano de 1811, faleceu em São Paulo a 19 de junho de 1841, com 30 anos incompletos, depois de naturalizar-se brasileiro, guardando até o túmulo certo mistério quanto à sua família, sua posição social e até quanto à sua verdadeira pátria e verdadeiro nome, que se supõe não serem os designados. O que é certo é que chegou ao Rio de Janeiro sem que alguém o conhecesse, paupérrimo, sendo logo preso na fortaleza da Lage, por queixa ou coisa semelhante, do comandante do navio que o trouxe, e, sendo solto, foi caixeiro de uma estalagem". Em seguida, rumou para Sorocaba (São Paulo), onde se empregou como caixeiro na casa comercial do ituano Kiehl(4).

Brasil Bandecchi fala do romance de Afonso Schmidt – ***A Sombra de Júlio Frank*** – que, apesar da narrativa romanceada, lhe trouxe alguma luz sobre a matéria devido às fontes pesquisadas pelo romancista(5).

Muitos foram os admiradores de Júlio Frank que destacaram a sua sólida cultura dentro da filosofia, da história, da literatura e das línguas vivas ou mortas. Spencer Vampré, por exemplo, a ele se refere como "natural da Saxônia (...) figura cheia de mistério, de poesia e de afeto, para a alma acadêmica. O seu túmulo demora no claustro mais íntimo da Faculdade, como a sua memória dorme, num nimbo de glória, no recesso mais íntimo do coração dos moços"(6).

Spencer Vampré baseou suas notas sobre Júlio Frank em Almeida Nogueira – ***Tradições e Reminiscências, v. 9, p. 18*** – e em Sacramento Blake, obra acima citada. É de Vampré a descrição do seu túmulo. Ei-la:

---

(4) Brasil Bandecchi. *Novo Dicionário de História do Brasil*, p. 285. São Paulo: Editora Melhoramentos, 1970.

(5) Brasil Bandecchi. *A Bucha, A Maçonaria e o Espírito Liberal*. São Paulo: Editora Parma Ltda., 1982.

(6) Spencer Vampré, *Memória para a História da Academia de São Paulo*, 2ª ed., V. 1, p. 166, Brasília: Instituto Nacional do Livro – Conselho Federal de Cultura, 1977.

> *Até o túmulo, guardou segredo quanto à sua família, posição social, e até quanto à pátria, presumindo-se que também trocara de nome (...) O túmulo de Frank é um modesto catafalco sobre plataforma quadrilátera, à qual dão acesso alguns degraus, encimado por um obelisco de cerca de quatro metros. Todo o monumento, de cantaria, está amparado por gradil de ferro, preso, nos ângulos, a quatro pilastras, adornadas por mochos simbólicos. Fica situado exatamente em frente à sala, hoje modificada, em que lecionava. Numa das faces do pedestal há o seguinte epitáfio:* ***Hic jacet Julius Frank in hac Paulopol. Academ. Publ. Prof. Nathus Gothae. Ann. MDCCCIX Obit XIX Junii Ann. MDCCCXLI Aetate suae XXXII sit ei terra levis***. Acertadamente justifica Vampré o enterro na Academia por ser Júlio Frank protestante não tendo, portanto, o direito a enterramento em solo considerado sagrado[7].

Nem todos, entretanto, foram admiradores de Júlio Frank. É o caso do integralista Gustavo Barroso que acreditava que "Júlio Frank" era o criptônimo de Carlos Luís Sand, um revolucionário nascido em Wonsiedel, em 1795, assassino do agente russo Augusto Kotzebue. Na contramão dos fatos, Barroso nega que Sand tenha sido decapitado em maio de 1820, por exigência do governo russo, chegando ao absurdo de declarar que receando a vingança das sociedades secretas, forjaram a execução enterrando-se "qualquer cadáver ou qualquer boneco"[8] no túmulo destinado ao extremista. Kotzebue foi considerado por Barroso um "grande escritor (...) um dos grandes homens de

(7) Idem, pp. 167-168.

(8) Gustavo Barroso. *História Secreta do Brasil*, segunda parte, p. 47. Rio de Janeiro: Civilização Brasileira, 1937.

espírito que puseram, na Europa aquecida pelas brasas revolucionárias espalhadas por Napoleão, sua vida e sua pena a serviço da causa da ordem contra a Anarquia, fomentada da sombra, em todos os setores, pelo judaísmo acobertado pelas sociedades secretas"[(9)].

Na verdade, Sand era um ardoroso patriota e Kotzebue um agente do czar. Sand, quando moço, em Tubingen, se filiou na sociedade secreta ***Teutônia***[(10)]. Quando freqüentou a Universidade de Erlangem, se deu conta de que duas sociedades secretas de estudantes – ***Burschenschaft*** e ***Landmanschaft*** – se confrontavam insufladas pelo Czar Alexandre da Rússia, que desejava enfraquecer a Alemanha a fim de prolongar o domínio dos Romanoff sobre a Europa Central[(11)].

Sand, então, resolveu eliminar Kotzebue por ver nele o traidor e principal agente dos interesses estrangeiros e das oligarquias alemãs, contrárias à unificação. Em março de 1819 foi a Mannheim, onde residia o agente, solicitou-lhe uma audiência, e, ao ser recebido, apunhalou o espião russo[(12)].

Afonso Arinos, ele mesmo filho de Bucheiro[(13)], descarta a identificação feita por Gustavo Barroso ao declarar que segundo uma tradição da ***Burschenschaft*** brasileira, Frank se chamaria de fato Luís Sand, e seria irmão do revolucionário, mas não o próprio[(14)].

O magistrado Fernando Whitaker da Cunha, segundo informa Brasil Bandecchi, confiou ao ilustre historiador que estudava o caso Kotzebue e os acontecimentos que o

---

(9) Idem, pp. 39/40.
(10) Afonso Arinos de Melo Franco. *Rodrigues Alves*, v. 1, p. 25. Rio de Janeiro: Livraria José Olympio Editora, 1973.
(11) Idem, p. 26.
(12) Idem, ibidem.
(13) "Meu pai e Antônio Carlos foram apóstolos na sua geração". Cif. Afonso Arinos, op. cit., nota 20, p. 29.
(14) Afonso Arinos, op. cit., p. 25.

cercaram e que divergia da tese esposada por Gustavo Barroso: "Essa versão, todavia, não é embasada em provas seguras e é pouco provável que Júlio Frank, sabendo-se perseguido pelos serviços secretos de vários países, agisse com tão pouca discrição, em sua vida pública, lecionando e participando da coletividade que o recebeu, mas é inquestionável que estava ligado a movimentos estudantis de sua pátria, sendo, possivelmente, um criminoso político de menor importância"(15).

Brasil Bandecchi baseou-se, no seu estudo sobre Frank, entre outras fontes, no estatuto publicado em alemão e cujo título, em português, é "Verdade e Lenda sobre Júlio Frank (1808-1841), professor dos cursos Preparatórios na Faculdade de Direito de São Paulo", de autoria de Friederick Sommer(16).

Sommer, segundo o autor citado, destaca o fato de Júlio ter sido o fundador da ***Burschenschaft***, fazendo referências no que tange à organização de sociedade secreta filantrópica acadêmica e sua eficiente colaboração na divulgação das idéias liberais. O autor declara "Nos alegramos sobre a amável recordação que os brasileiros conservam do nosso patrício"(17).

As pesquisas de Sommer, continua Brasil Bandecchi, vieram a lume em 1924 e delas resultou que Júlio Godofredo Luís Frank nasceu em 8 de dezembro de 1808(18), sendo filho primogênito do encadernador de livro Carlos Frederico Frank e de sua esposa Carlota Frederica, filha do mestre encadernador da Corte de Ludovico Herlan, conforme registro paroquial de Santa Margarida, em Gotha. Seus padrinhos pertenciam a círculos burgueses de artesãos da

---

(15) Brasil Bandecchi, op. cit., p. 80.
(16) Brasil Bandecchi, op. cit. p. 77.
(17) Idem, ibidem.
(18) Como vimos, Sacramento Blake aponta o ano de 1811 para o nascimento de Júlio Frank.

mesma cidade. Constou, ainda, que os pais haviam contraído matrimônio um mês antes do nascimento de Júlio. Pôde, também, verificar que aquele jovem, cujos conhecimentos foram julgados elevados, aos 17 anos cursou a Universidade de Gotha, e que de Micaelis 1825 até, inclusive, Páscoa de 1827, estava inscrito na cadeira de Filologia(19).

Na verdade, a figura de Frank permanece cercada de mistérios que emprestou à Academia de Direito de São Paulo. Uma carta de Frank, citada por Brasil Bandecchi, datada de 24 de janeiro de 1828, de Berlim, dirigida a um conselheiro da Universidade de Goettingen, encontrada, graças aos esforços de A. Haas, na Biblioteca da Universidade de Hanover, revela influências que sofreu Frank quando jovem. Relata que nasceu um mês após o casamento do encadernador de livro Frank com Carlota Frederica. Na carta percebe-se, segundo o autor que estamos reproduzindo, que o jovem adolescente não teve o necessário calor da atenção paterna. E, conforme suas próprias palavras, foi infeliz desde a infância. Pensava que o pai não o estimava. Desde os 12 anos teve que dar aulas em casa de pessoas distintas, para sua manutenção. O dinheiro, que conseguiu economizar, foi-lhe furtado por um parente, o que fez com que perdesse a fé nos homens. Terminados os estudos preparatórios foi para Goettingen e lá, dada a sua precocidade em tudo, se entregou a extravagâncias. Foi três vezes chamado ao Conselho Universitário, sendo duas por participação em duelos e uma por excessos em um campo de tiro. Por causa de dívidas, o jovem de 18 anos foi obrigado, na Páscoa de 1827, a abandonar Goettingen, pois seus credores obtiveram uma ordem de prisão contra ele. Daí dirigiu-se a Lipsia, onde permaneceu pouco tempo. Com ajuda de amigos partiu para Berlim, onde conseguiu dar

---

(19) Brasil Bandecchi, op. cit. p. 78.

aulas na Rua Frederico Grande nº 174. Com as preleções e publicações de artigos, ganhou algum dinheiro. Sua situação melhorou bem, dando-lhe possibilidade de remeter certa importância a Goettingen, possivelmente para pagar alguma dívida. Para consolidar sua posição em Berlim, precisava de um documento que provasse os estudos realizados em Goettingen, pois que muitos estudantes se encontravam em Berlim e quem não apresentasse documentação em ordem não estava seguro, perdendo, até, a possibilidade de lecionar. O fato é que enquanto os documentos não chegavam, sua situação foi se agravando até que em 1828 embarcou para o Brasil(20).

Desembarcou no Rio de Janeiro, provavelmente em junho de 1828, e foi logo encarcerado em um fortaleza. A causa desta prisão, segundo Afonso Arinos, e se tal se deu, teria sido uma precaução ligada à rebelião dos segmentos alemães verificada na cidade em junho de 1828(21), daí a possibilidade da sua efetiva chegada ter se dado ao redor de junho daquele ano, com dezenove anos de idade.

Do Rio de Janeiro foi para Ipanema, fixando, posteriormente, residência em Sorocaba, onde conseguiu emprego no comércio conjugando a função de professor de línguas para os alunos que pretendiam cursar a Academia de São Paulo, daí nascendo a idéia de que deveria ministrar cursos preparatórios onde funcionava o Curso Anexo à Faculdade para jovens que se preparavam para ingressar no curso superior. Para tanto contou com a recomendação do Brigadeiro Tobias de Aguiar, presidente da Província de 1831 a 1835, na sua aproximação com a Academia. Ainda por prestígio do seu protetor, Frank foi contratado, em 1834, por 10 anos, professor de História e Geografia do Curso

(20) Idem, pp. 78/79.
(21) Afonso Arinos, op. cit., p. 25.

Anexo da Faculdade de Direito[(22)]. Sendo estrangeiro, não pôde concorrer às cadeiras de História e Geografia, daí ter sido contratado e não nomeado, mediante o ordenado anual de seiscentos mil réis[(23)].

Afonso Arinos admite a possibilidade de Júlio Frank ter fundado a "Bucha" logo que obteve emprego na Academia, por volta de 1834[(24)]. Não exclui, entretanto, a possibilidade de que, durante as suas viagens entre Sorocaba e a capital, para contato com os estudantes, ter fundado a sociedade secreta antes da sua contratação como professor[(25)]. Citando esta versão adotada por Afonso Schmidt, apoiada na biografia do Visconde de Uruguai, escrita por José Antônio Soares de Sousa, Afonso Arinos esclarece que na biografia se vê que o visconde se matriculou na Academia do Largo de São Francisco em 1830, no terceiro ano, tendo, em fins de 1832, colado grau de bacharel, antes, portanto, da contratação de Frank[(26)]. Arinos reproduz este importante trecho da biografia do Visconde de Uruguai que nos fala da fundação da sociedade:

> *Contou-me meu pai, o Professor Paulino José Soares de Sousa –* ***neto e homônimo do visconde*** *– que, quando estudante em São Paulo, soube que o Visconde de Uruguai fora mui ligado ao Dr. Júlio Frank e que, com este, fundara uma sociedade secreta, da qual fez parte principal. O Conselheiro Paulino, filho mais velho do visconde, também pertenceu à mesma sociedade*[(27)].

Assim, fica claro que na opinião de Afonso Arinos a "Bucha" foi fundada antes de 1834. Para Brasil Bandecchi

(22) Brasil Bandecchi, op. cit., p. 82.
(23) Spencer Vampré, op. cit., pp. 166/167.
(24) Afonso Arinos, op. cit., p. 27.
(25) Idem, ibidem.
(26) Idem.
(27) Idem, ibidem.

o ano da fundação seria o de 1831[28]. De todo modo a ***Burschenschaft*** brasileira teve, efetivamente, como um dos seus fundadores aquele natural da Saxônia, na Alemanha, emigrante ilustre, naturalizado brasileiro que, além de professor da Academia era sócio do Instituto Histórico e Geográfico Brasileiro, em cuja revista aparece o seu necrológico, que foi proferido pelo sócio Tomás José Pinto Cerqueira.

Júlio Frank deixou um compêndio intitulado "Resumo de História Universal", duramente criticado por Gustavo Barroso. Mas, foi na política que a herança de Frank, através da "Bucha", desenvolveu toda a sua influência. O que sabemos, entretanto, a respeito da ***Burschenschaft*** brasileira, da sua organização e, principalmente dos seus membros? Não muito, como veremos a seguir.

Os membros da sociedade eram escolhidos entre aqueles que apresentassem as melhores qualidades de inteligência, filantropia e caráter. Seu chefe era sempre um aluno do último ano e a sociedade tinha como objetivo auxiliar economicamente os alunos carentes[29], mas foi no político que, com certeza, se destacou. O ingresso não dependia da vontade do candidato, que deveria ser severamente observado e, depois de aprovado, convidado[30].

O ***chaveiro*** era o chefe maior da Bucha. "As reuniões realizavam-se habitualmente à noite. Mais recentemente eram feitas em uma casa, hoje demolida, que existia no Jardim da Luz. Todo o ritual romântico das sociedades secretas era rigorosamente observado. Rui, Rio Branco, Afonso Pena, Venceslau Brás, Artur Bernardes, nos pináculos das respectivas carreiras, não desdenhavam de,

(28) Brasil Bandecchi, op. cit., p. 84.
(29) Afonso Arinos, op. cit., p. 29, informa que João Pinheiro e Cândido Mota tiveram os seus cursos pagos pela "Bucha".
(30) Brasil Bandecchi, op. cit., p. 86.

quando de passagem por São Paulo, homenagear a velha organização, prestando-se docilmente ao seu cerimonial (...) A transmissão da chave era uma festa simbólica"[31].

Afonso Arinos relaciona, na sua obra citada, os seguintes vultos nacionais como dirigentes da sociedade: ***Francisco Otaviano, Visconde de Ouro Preto, Rui Barbosa, Assis Brasil, Rodrigues Alves, Afonso Pena, Barão do Rio Branco, Pinheiro Machado, Campos Sales, João Pinheiro, Afonso Arinos, Pedro Lessa, Venceslau Brás, Bernardino de Campos, Davi Campista, Washington Luís, Melo Franco, Antônio Carlos, Altino Arantes, Artur Bernardes, Vergueiro Steidel, Macedo Soares***[32].

Existe uma unanimidade que aponta a "Bucha" como ideologicamente republicana, abolicionista e liberal, para alguns até revolucionária. É o que se conclui da matéria publicada na ***Folha de São Paulo, JAN 10, 1995,*** onde consta a informação de que Fernando Morais (Autor de "Olga" e "Chatô – O Rei do Brasil") estava escrevendo uma minissérie para a ***Globo*** intitulada "Sociedade Secreta" que seria exibida em novembro, às 22h30m. A minissérie pretendia resgatar o movimento paulista de 1932 e a ***Burschenschaft***. Ainda segundo aquela matéria a sociedade secreta, que rapidamente ganhou o apelido de "A Bucha", conspirava contra os getulistas, unindo seus membros, conhecidos como "bucheiros", pelo pacto de silêncio.

Mais uma vez é Afonso Arinos que dá uma tímida

---

(31) Afonso Arinos, op. cit., p. 29. Os dados fornecidos por Afonso Arinos são dignos de profunda reflexão, uma vez que era neto, filho, sobrinho e genro de "bucheiros", cif. nota 19, p. 28, op. cit. Veja à nota 20, p. 29, na op. cit., quando afirma que a sociedade constituía-se como uma elite intelectual e moral entre os acadêmicos e que em 1870 Afonso Pena era o chefe supremo da ***Comunhão Geral*** e Rodrigues Alves chefe supremo dos ***Apóstolos***, que eram doze. Declara ainda que seu pai e Antônio Carlos foram ***apóstolos – que traziam nomes bíblicos*** – na sua geração.

(32) Afonso Arinos, op. cit., p. 28.

resposta à questão. Segundo o eminente brasileiro, o último chefe da sociedade secreta foi José Carlos Macedo Soares. Entretanto, admite que a fundação do Partido Democrático de São Paulo é obra da ***Burschenschaft***(33). E mais: "Depois de 1930, a revolução paulista de 1932 não lhe é estranha, na medida em que foi um movimento bacharelesco, ativado por membros da associação e do partido, como Júlio de Mesquita Filho, Henrique Baima, os irmãos Vampré e Paulo Nogueira Filho"(34).

Ficamos no ano de 1930, e já é muito em se tratando da ***Burschenschaft*** brasileira. Tratar da "Bucha" nos dias de hoje, apesar de inúmeros dos seus membros terem ultrapassado vivos a data limite deste trabalho(35), e, ainda, na impossibilidade de dispor de um mínimo de documentação, preferimos permanecer, plagiando Afonso Schmidt, ***A Sombra de Júlio Frank...***

---

(33) Idem, p. 34.

(34) Idem, ibidem. Na nota 28, p. 34, op. cit., Afonso Arinos afirma categoricamente: "Os radicais da ***Burschenschaft***, depois do movimento de 1932, formaram uma espécie de círculo concêntrico, de diâmetro menor, chamado dos "encapuzados". Este pequeno grupo, utilizando um grande jornal, *O Estado de São Paulo*, atuou em vários acontecimentos. Mas isto é outra história".

(35) José Carlos de Macedo Soares, por exemplo, faleceu no dia 28 de janeiro de 1968.

Maçonaria na Universidade Nº 55

Antônio Bento, os Caifazes e a Maçonaria

Movimento abolicionista revolucionário de São Paulo, nascido da reunião dos irmãos da Irmandade Negra de N. Sª dos Remédios[1], a Ordem dos "caifazes" foi liderada por Antônio Bento de Sousa e Castro, advogado de família rica, promotor e juiz de direito. Figura carismática, consta que andava sempre com um chapéu de grandes abas e uma capa negra.

Apesar de Maçom regular[2] não obedeceu aos

(1) Alaôr Eduardo Scisínio. *Dicionário da Escravidão*, p. 266. Rio de Janeiro: Léo Christiano Editorial Ltda., 1997.

(2) Em correspondência ao autor (abril de 1998), José Castellani informa que Antônio Bento era membro ativo da Loja "Piratininga" Iniciado, provavelmente, entre 1º de julho de 1867 e 7 de agosto de 1869. "Em Sessão de 6 de setembro de 1873, Antônio Bento de Souza e Castro, servindo de 2º Vigilante, congratula-se com a Oficina, por vê-la restabelecida do arrefecimento em que se achava, e a saúda, como um seu operário '**que auzente se tem achado e de cujo quadro não deixara de fazer parte e por isso prezente se achava**'."

pressupostos emancipacionistas, preferindo um abolicionismo intransigente identificado com um cristianismo fanático, que o estimulava e aos seus seguidores a se imaginarem como porta-vozes da redenção da Pátria, manchada pelo sinal infamante da escravidão. Consta que de certa feita conduziu um negro torturado a uma procissão, "expondo teatralmente os mais implacáveis aspectos da escravidão e identificando, ao mesmo tempo, o destino do homem torturado e os escravos da nação com o martírio de Cristo"(3).

Os caifazes formavam uma organização subversiva, com atuação em São Paulo desde 1882 e com a cobertura do jornal ***A Redenção*** fundado por Antônio Bento. Protegiam os escravos evadidos e tal ato se converteu em prática comum(4). Não foram os iniciadores dos movimentos de fuga, mas segundo Jacob Gorender – ***A Escravidão reabilitada, p. 177*** –, citado por Alaôr(5), teriam os estimulado até atingir, em 1887-1888, proporções devastadoras para a produção das fazendas cafeeiras.

Antônio Bento e os seus caifazes não promoveram uma campanha a nível emancipacionista, como ocorreu com a maioria do centros libertadores. Eles jamais aceitaram a luta em favor da emancipação do escravo negro como era entendida pela maioria dos Maçons brasileiros. Sua obstinação revolucionária representou uma ação direta contra os interesses da Instituição Maçônica, conseqüentemente da abolição lenta e gradual da mão-de-obra negra. São inúmeras as atas de Lojas Maçônicas determinando o pagamento de alforrias, o que permite concluir que os Maçons defendiam a ***emancipação***, dentro dos pressupostos da ***gradualidade***, dentro da lei, da ordem e do respeito à

(3) Antônio Mendes Jr. et alli. *Brasil História Texto e Consulta 3 República Velha*, p. 127. São Paulo: Editora Brasiliense, 1979.
(4) Alaôr Eduardo Scisínio, op. cit., p. 265.
(5) Idem.

propriedade. Em síntese: moderação racional na questão do negro no Brasil.

O humanismo ao lado do humanitarismo marcou a geração maçônica contemporânea de Antônio Bento, preocupada igualmente com o escravismo, mas com argumentos racionais e lógicos. Muitos Maçons questionaram a escravidão. O estímulo advinha fundamentalmente da Ilustração, movimento de idéias que criticou a submissão do homem à autoridade, à tradição, à superstição, incentivando o livre pensamento na direção dos direitos naturais e da felicidade.

Dessa forma, a Ilustração e a Maçonaria contribuíram para alimentar a condenação doutrinária à escravidão. Um crescente número de Maçons percebeu que a escravidão negra simbolizava todas as forças que ameaçavam o verdadeiro destino do homem.

Para expressar um sentimento de compaixão para com o homem, não importando a sua condição social e até mesmo os eventuais desvios morais, dentro de um entendimento universal, independente de credos religiosos e ideologias, utilizamos o termo humanitarismo.

Antônio Bento deve ser elogiado por seu espírito humanitário, por sua disposição afetiva para com o próximo, mas sua postura extrema não estava em sintonia com os princípios institucionais da Maçonaria brasileira daquela época.

Maçonaria na Universidade Nº 56

Maçonaria Negra

Encontramos em Gustavo Barroso[1] referência a uma tal **Maçonaria Negra de Vassouras**. Pretende o festejado historiador, mais uma vez, identificar, indevidamente, com a Maçonaria, todo e qualquer movimento secreto.

Lendo com atenção o artigo, de Maçonaria só encontramos o título. Vejamos o que escreveu o Sr. Barroso:

> *no tradicional município de Vassouras, na Província Fluminense, de grande riqueza agrícola no tempo da Monarquia, num de seus mais conhecidos distritos, o do Pati do Alferes, a 13 de novembro de 1838, rebentou uma grande revolta de negros. Cerca de 300 escravos da fazenda*

(1) *Segredos e Revelações da História do Brasil*, pp. 158/160, Rio de Janeiro: Edições O Cruzeiro, 1958.

'Freguesia', de propriedade do Capitão-mor Manuel Francisco Xavier, segundo marido de D. Francisca Elisa, Baronesa da Soledade, chefiados pelo africano Manuel Congo, assassinaram um lavrador branco, expulsaram os feitores e, saindo, armados com o que encontravam se dirigiram a outra fazenda do mesmo riquíssimo senhor, a 'Maravilha', que saquearam e depredaram. Dirigiram-se, depois, sem serem inquietados, para as matas de Santa Catarina, onde se alapardaram num quilombo entrincheirado. Manoel Congo e sua companheira, bela rapariga chamada Maria Crioula, foram pelos rebeldes aclamados rei e rainha do novo quilombo(2).

Prosseguindo, Gustavo Barroso afirma que de acordo com os documentos do processo contra Manuel Congo, descobriu-se a existência de uma sociedade secreta de escravos, dividida em círculos de diversas categorias, cada um dos quais com cinco membros, cujo chefe recebia ordens do de categoria imediatamente superior(3).

Parece ser matéria corrente a existência de tal sociedade secreta. Carlos Lacerda, escrevendo com o pseudônimo de "Marcos", informa – **naturalmente consultando os autos do processo contra Manuel Congo, citado por Gustavo Barroso** – que "os fazendeiros apuraram que os escravos tinham organizado uma Sociedade Secreta, como uma espécie de Partido dos Explorados e Oprimidos. A Sociedade Secreta era dividida em círculos de diversas categorias, espécie de células ilegais, cada uma das quais era composta de 5 membros, sendo o chefe de cada uma delas o elemento de ligação com a categoria imediatamente superior"(4).

---

(2) Idem, p. 158.
(3) Idem, p. 159.
(4) Marcos (Carlos Lacerda). *O Quilombo de Manuel Congo*, 2ª ed., p. 46, Rio de Janeiro: Lacerda Editores, 1998.

Entretanto, quem melhor trabalhou o tema foi Alaôr Eduardo Scisínio na sua obra **A Escravidão e a Saga de Manoel Congo**, sintetizada no verbete **Manoel Congo, Quilombo de**, do seu recente dicionário sobre a Escravidão(5).

Isento, Alaôr apresenta os fatos, **omitidos propositadamente por Gustavo Barroso**, que deram origem à revolta dos negros. Assim, tomamos conhecimento no verbete citado que, em 23 de janeiro de 1839 o tribunal do júri de Vassouras reuniu-se para julgar o fazendeiro Manuel Vieira dos Anjos. O capitão-do-mato prendeu um "escravo fugido", de nome Pedro, que disse ser o seu senhor o fazendeiro Manuel Vieira dos Anjos, morador na paragem Camuã, distrito de Nossa Senhora do Pati, entregando-o ao juiz de paz de Pilar, que o levou ao juiz de paz de Pati do Alferes, José Pinheiro de Sousa Werneck. O juiz de Pilar, querendo melhor certificar-se, chamou Jacinto Ribeiro e um crioulo forro de nome Antônio, morador no sertão de Serra Acima, atestando ambos ser realmente Pedro um escravo de Manuel Vieira, adiantando mais ao juiz de Pilar as barbaridades que Manuel Vieira tem feito aos inúmeros escravos e, recentemente, dizia o ofício, aos seguintes: Antônio Congo, que comprou na corte, que matou e enterrou ao pé da bica nos marmeleiros; João Cabinda, também comprado na corte, que matou e enterrou ao pé da casa; Antônio Ângelo, que matou e enterrou ao pé da bica; Maria Congo que, depois de ter sido duas vezes apadrinhada com o capitão Carrolos, queimou-a toda e depois a levou para o paiol, onde a enforcou com um cabresto e a enterrou na mesma paragem da bica. Foi, em Pati, feito o corpo de delito e encontradas as sepulturas indicadas pelo juiz de paz de Pilar. O fazendeiro defendeu-se, dizendo que

---

(5) Alaôr Eduardo Scisínio. *Dicionário da Escravidão*, Rio de Janeiro: Léo Christiano Editorial Ltda., 1997.

tinha enterrado na sua própria fazenda os cadáveres porque nenhum havia recebido o batismo, não podendo ter os seus corpos em sepulcros sagrados. Submetido a julgamento no tribunal do júri, em 23 de janeiro de 1839, não achou o conselho de sentença matéria para acusação contra o réu Manuel Vieira dos Anjos, por maioria de votos, conforme se lê nos autos respectivos. Findava o anos de 1838. Em 13 de novembro, na fazenda da Freguesia, de propriedade do capitão-mor Manuel Francisco Xavier, Camilo Sapateiro, africano, morria assassinado a pau. Os escravos, com a sucessão de enforcamentos injustos, admitiram que a eles seria atribuída a autoria do bárbaro homicídio, como forma de fugirem os senhores da responsabilidade moral, porque penal não iriam ter mesmo. Em número aproximado de trezentos, comandados pelo escravo Manoel Congo, marcharam os escravos com destino à fazenda Maravilha, do mesmo capitão-mor Manuel Francisco Xavier e aí, revoltados contra o relho, o tronco, a forca, o trabalho escravo, a fome e a miséria, arrombaram as portas da fazenda e depredaram a sede, sem encontrar o fazendeiro, a quem decerto queriam justiçar(6).

Com a situação fora de controle, os revoltosos prosseguiram até organizar um quilombo nas matas de Santa Catarina. Aclamaram Manuel Congo como rei e Maria Crioula como rainha. Daí em diante o ódio, a violência e o desvario ideológico e fanático tomou conta de todos até o enforcamento de Manoel Congo em 6 de setembro de 1839.

Provavelmente a fama atribuída a Caxias de ter sido "matador de escravos" tenha surgido do fato do então oficial Luís Alves de Lima e Silva ter comandado uma força contra o quilombo de Manuel Congo, recebendo do jovem Carlos Lacerda, então muito simpatizante das forças

(6) Transcrito de Alaôr Scisínio, op. cit., pp.223/224.

populares e oprimidas, a seguinte referência na sua obra escrita com o criptônio de Marcos:

> *O comandante era Caxias. Esse que foi depois Duque de Caxias... Esse que nunca se envergonhou de ser assassino de escravos.*
>
> *Chefiou a tropa, deu combate aos negros. Os negros resistiram como puderam. À unha. À faca. Jogando com a astúcia e com a vida. A tropa do governo venceu. Caxias era o tipo escarrado do herói. Matou escravos como ele só. Voltou glorioso, ganhando admirações que até eram imorais. As moças jogavam olhares, os rapazes batiam palmas, os velhos matavam leitoas em honra dele*[7]

Não pretendo, nem é do meu ofício, enquanto historiador, julgar Caxias. Os fatos estão sendo apresentados como de fato ocorreram, para melhor identificação dos personagens da trama. A crítica contundente, portanto, é feita contra as omissões do historiador Gustavo Barroso que, ao contrário de Alaôr, não se preocupou em estudar a causa dos revoltosos. Da mesma maneira, acreditamos que o jovem Lacerda utilizou-se do episódio envolvendo o futuro Duque de Caxias para atender aos seus interesses políticos do ano de 1935.

Procurou-se demonstrar, com a apresentação destes fatos históricos, que o quilombo de Manuel Congo, ainda que assemelhado, na sua organização interna, a uma sociedade secreta, jamais poderia ser identificado com a Maçonaria. A se acreditar em Carlos Lacerda, a Maçonaria só surgiu em Vassouras em junho de 1852[8]. Portanto, o título **A Maçonaria Negra de Vassouras**, criado por Gustavo Barroso, está historicamente errado.

(7) Marcos (Carlos Lacerda), op. cit., p. 41.
(8) Idem, p. 50.

Finalmente, de acordo com a legislação maçônica todo Maçom deve ser um "homem livre de bons costumes" o que inviabiliza, obviamente, a possibilidade da Iniciação de um escravo. Diversos negros, entretanto, foram Iniciados na Instituição, mas não na condição de escravos. Manuel Congo, mártir de uma época de intolerância, de uma sociedade escravista e egoísta, jamais poderia ter sido Maçom como pretendeu Gustavo Barroso. Não por ser negro, mas pela sua condição de escravo. O seu martírio deve-se somar ao de outras inúmeras vítimas que ousaram se levantar contra a indignidade perpetrada contra a humanidade. Como Maçom e humanista presto aqui, ao contrário de Gustavo Barroso, as homenagens a Manuel Congo.

Maçonaria na Universidade Nº 57

O que Podemos Esperar da Maçonaria Brasileira no Século XXI

Já mostramos que a Maçonaria representa uma forma alternativa de sociabilidade(1). Assim ela foi entendida no contexto do século XVIII, assim ela deverá ser considerada no século que se aproxima.

Este entendimento da Arte Real parece resolver uma série de conflitos envolvendo a Instituição, desde o precário relacionamento com a Igreja Católica, passando pelo imaginário popular até o interior da própria Maçonaria, onde a grande maioria dos seus membros se mostrou incapaz de compreendê-la.

Esta faculdade de perceber, de pensar a Maçonaria

(1) A Maçonaria conceitualmente representa um meio alternativo de sociabilidade onde encontramos homens preocupados com a virtude, com a fraternidade, com a solidariedade, com a igualdade e com a liberdade.

como forma alternativa de sociabilidade, não teria permitido, por exemplo, o antimaçonismo do século XIX e a sua contraparte, o anticlericalismo.

Esta situação de conflito entre a Maçonaria e a Igreja católica estabeleceu no imaginário popular, conceitos errôneos a respeito da Instituição. Deste modo associou-se à Maçonaria o ***bode preto***, o assassinato dos traidores, a conspiração contra a ordem estabelecida, o comunismo e o judaísmo, para ficarmos apenas nestas poucas definições.

O conjunto destas práticas levou a uma geração de Maçons pouco habituada com os conceitos e, principalmente, com a pesquisa. Ficaram ligados, infelizmente, às conseqüências desestabilizadoras destas falsas caracterizações. Presos a uma historiografia pífia, transformaram a história maçônica brasileira numa novela irritante e totalmente desprovida de conteúdo metodológico. Iniciaram (sic) o Tiradentes, levaram a Maçonaria para o centro da Revolução Francesa e deram as costas para o mundo acadêmico.

O que esperamos da Maçonaria brasileira no século XXI é o desenvolvimento do seu humanismo e o apogeu dos centros de cultura nascidos no século atual. Estamos nos referindo às Lojas de Pesquisas e às Academias de Letras Maçônicas. Estes núcleos do saber têm sido responsáveis pelas transformações, ainda que muito lentas, da historiografia maçônica. Já podemos ler em alguns trabalhos referências às fontes primárias e secundárias, sem falarmos nas necessárias remissões e referências autorais.

O que esperamos da Maçonaria no século XXI é a transparência da sua fraternidade, onde os Irmãos se reconheçam como tal acima das pendências ideológicas e tendenciosas, provocadas pelas cisões desestabilizadoras do século XX.

O que esperamos da Maçonaria no século XXI é a elevação aos quadros dirigentes de Maçons verdadeiramente preocupados com o ***povo maçônico***, desafortunadamente excluído no século XX.

O que dela esperamos no século XXI é a realização da sua plenitude social, das leituras, da memória do seu imaginário. Da transposição do mito para a realidade. Da razão como promotora do bem na direção do progresso e do bem-estar.

Promover estas idéias é caminhar na direção do entendimento da Maçonaria como meio alternativo de sociabilidade. A ética inspirando o Maçom num clima de cordialidade. Uma Loja universal planejando a liberdade, a justiça e a solidariedade.

Maçonaria na Universidade Nº 58

Luiz Gama, o Abolicionismo e a Maçonaria

Em artigo publicado no Jornal do Comércio[1], Victor Zappi titulou Luiz Gama de "advogado dos escravos, precursor do Abolicionismo e Venerável da Loja Maçônica "América"". O referido artigo tratou de homenagear o grande brasileiro, comemorando o dia da Abolição da Escravatura. Pretendo buscar o entrecruzamento entre as categorias que titulam este artigo.

Luiz Gonzaga Pinto da Gama nasceu na Bahia a 21 de junho de 1830. Filho natural de uma africana livre, Luiza Mahin, da nação Nagô, e de um fidalgo, que arruinado por dívidas de jogo vendeu o próprio filho a um comerciante de escravos. O nome do progenitor jamais foi mencionado pelo filho lançado fora.

(1) Jornal do Comércio, 13 de maio de 1998.

Segundo informa o articulista, Luiz Gama foi revendido no Rio de Janeiro a um outro comerciante de São Paulo, o alferes Antônio Pereira Cardoso, que o levou a Santos, e, posteriormente, a pé, com a idade de 10 anos, juntamente com um lote de escravos, a Campinas.

Outro ponto obscuro da vida de Luiz Gama é o fato de ter obtido a prova de que tinha nascido livre, após o seu retorno à cidade de São Paulo. Antes da sua liberdade, aprendeu vários ofícios na casa do alferes. Em 1848 abandonou a casa do seu antigo senhor para sentar praça na Força Pública de São Paulo.

Amigo do professor de Direito, Dr. Furtado de Mendonça, assimilou grandes conhecimentos jurídicos que o transformaram num notável advogado, orador eloqüente e um dos mais devotados lutadores da causa do negro: **valores que, sem a menor dúvida, justificam o título de "advogado dos escravos"**. Poeta publicou poesias satíricas, como a memorável sátira contra os brancos: ***A Bodarrada***. Também é da sua lavra: ***Primeiras Trovas Burlescas de Getulino***.

Ingressou no jornal "O Ipiranga" como aprendiz de tipógrafo, depois para a redação do "Radical Paulista" que tinha como colaboradores Rui Barbosa e Castro Alves. Seu nome consta da fundação do Partido Republicano de São Paulo. Faleceu a 25 de agosto de 1882, na cidade de São Paulo, pobre, mas com a cidade toda enlutada e o seu ataúde carregado à mão pelo povo. Perdia o abolicionismo um dos seus mais importantes próceres.

Luiz Gama viveu dois momentos importantes da luta contra a escravidão: **a emancipação** e a **abolição**. O primeiro advogando a gradualidade no trato com o problema do negro e o segundo, a partir da promulgação da Lei do Ventre Livre, dentro do entendimento defendido, entre outros por Nabuco, de que a lei não libertava para valer, defendendo a ruptura com o estatuto legal, na contramão do direito de propriedade. Sem dúvida o nosso "advogado dos escravos" pode ser enquadrado tanto em uma como em outra categoria, dependendo da leitura que fizermos da sua atuação e, fundamentalmente, do momento histórico em que atuou.

A questão se prendia à lógica da ordem, dos velhos fantasmas do Haiti – ***o grande medo***(2) –, e das revoltas baianas, presentes nas cabeças daqueles homens. Mesmo abolicionistas como Joaquim Nabuco(3), que denominava a escravidão como "nefanda instituição", sempre criticou os incêndios em canaviais e os grupos que defendiam a ação direta, incentivando a fuga dos negros, como os "caifazes" de Antônio Bento.

O próprio José do Patrocínio, apesar dos discursos exaltados e da sua famosa declaração de que a **"escravidão era um roubo e todo dono de escravo era um ladrão"**, se opunha a uma **"ruptura traumática"**. Luiz Gama comungava o mesmo entendimento, quando desenvolveu intensa atividade jurídica para libertar os seus irmãos forçados à escravidão, até a sua morte em 25 de agosto de 1882.

O gosto "europeísta" estimulava a idéia da emancipação lenta e gradual do negro dentro dos pressupostos dialéticos onde a liberdade era entendida como um "progresso refletido; progresso racional", conforme se comprova no discurso do Visconde do Rio Branco por ocasião da homenagem que lhe foi prestada nas dependências do Grande Oriente do Brasil em março de 1872, alusiva às comemorações da promulgação da Lei do Ventre Livre(4).

---

(2) Estamos nos referindo à revolta dos negros, liderados por de Toussaint-Converture, em 1791.

(3) Joaquim Aurélio Barreto Nabuco de Araújo. 19/8/1849 + 17/1/1910 (Washington). Iniciado na mesma Loja de Rui Barbosa: **Loja "América"**, de São Paulo, em dezembro de 1868.

(4) Boletim do Grande Oriente do Brasil, março de 1872, comemorativo à promulgação da Lei do Ventre Livre.

A idéia é coerente com o contexto social da época; seus reflexos na economia escravista do Império, ao lado da originalidade dos elementos inovativos hegelianos da "falta de consciência no homem da sua liberdade"[5], absorvidos pelos emancipacionistas.

Para Hegel a base da escravidão, geralmente, repousa na premissa da falta de consciência do homem na sua *liberdade*. Com relação aos africanos, a escravidão era algo natural para aqueles que faziam escravos os seus congêneres, daí, não considerarem *inadequada* a escravidão proposta pelos europeus[6].

Apesar das diferenças profundas quanto a forma de aceitação da escravidão, o que os emancipacionistas pretendiam destacar era o ponto de vista hegeliano de que apesar dela não existir nos Estados racionais, ela estava latente antes da sua formação como um "dever ser", uma escravidão ainda "necessária", representando uma transição de um estado inferior a outro superior[7].

Na sua filosofia da História, Hegel fornece suporte teórico para a proposta ilustrada e gradual da liberdade. Compreende-se, desta forma, a opção emancipacionista daquela geração de ilustrados brasileiros, receptivos aos ensinamentos do Mestre[8].

Hegel mostra um sistema através do qual se pode inserir todo o Universo; uma alma onde este Universo possa

---

(5) Georg W. F. Hegel, *Lecciones sobre La Filosofia de La Historia Universal*, t. 1, p. 194. Buenos Aires: Revista do Occidente, 1946.

(6) Hegel, op. cit., t. 1, p. 194.

(7) Georg W. F. Hegel, *Lecciones sobre La Filosofia de La Historia Universal*, t. 1, p. 194. Buenos Aires: Revista do Occidente, 1946.

(8) Isto poderá ser observado nos pronunciamentos ou nas bibliotecas dos eruditos formadores das elites brasileiras, dentre os quais temos diversos Maçons como Hipólito da Costa, José Bonifácio, Evaristo Ferreira da Veiga, Rui Barbosa, Quintino Bocaiúva, etc. Confira nas obras de José Castellani, *Os Maçons que Fizeram a História do Brasil*, São Paulo: Editora a Gazeta Maçônica, 2ª ed., s/d e de Nicola Aslan, *Pequenas Biografias de Grandes Maçons Brasileiros*, Rio de Janeiro: Editora Maçônica, 1973.

ser pensado. Assim, a escravidão do negro está contida no conceito de temporalidade, de totalidade, subordinada à providência. A liberdade para o filósofo está contida na sua teoria teleológica, mostrando que só muito adiante esta idéia de liberdade vai ser alcançada. A História "é o desenvolvimento do Espírito no Tempo, assim como a natureza é o desenvolvimento da idéia no espaço", ou seja, *idéia-natureza-espírito*. A História é o avanço progressivo da *consciência da liberdade*, daí a proposta, absorvida pela Ilustração, de que a abolição da escravatura deva ser *lenta e gradual*.

Um estudo sobre o tema, em Hegel, permite interpretar que embora o filósofo considere a escravidão injusta e a liberdade como essência do Homem[9], há uma contradição que permite a conclusão dialética da abolição gradual ao contrário da abolição abrupta, uma conquista suficientemente amadurecida e culturalmente compreendida. Não se trata aqui de justificar a escravidão mas de constatar como ela era legitimada pela sociedade do século XIX. Estas idéias circulavam nas intermináveis reuniões dos clubes acadêmicos, com sentido cada vez mais político; uma disposição de ação que, embora limitada, estava disposta a lutar contra um dos pilares da política imperial, o escravismo.

A Maçonaria, notadamente a partir de 1850, perdia o seu caráter "secreto" e, de maneira, mais transparente, mostrava a sua face humanista e humanitária. Deste modo passou a advogar a causa emancipacionista e irmanou-se aos clubes na sua luta contra a escravidão. Vários membros da elite intelectual do Império dela faziam parte e, por meio da Instituição promoveram, com notável entusiasmo, a abolição lenta e gradual do negro.

---

(9) W. F. Hegel, op. cit., t. 1, p. 194.

Realmente, conforme afirma o articulista Victor Zappi, "Luiz Gama chegou a ocupar o lugar de Venerável da Loja Maçônica "América" e é bem provável que aquela sociedade secreta o tenha apoiado bastante na sua luta contra a escravidão".

Com relação à Maçonaria na vida de Luiz Gama, temos em José Castellani[(10)] a informação de que ele consta como membro filiado à Loja "América", de São Paulo, a 1º de agosto de 1870; em 1872 e 1873, como 2º Vigilante e Venerável Mestre no ano de 1874. Esta opinião se confirma em Nicola Aslan[(11)].

A Maçonaria brasileira possuía nos seus quadros homens letrados e conhecedores das idéias iluministas do século XVIII, conseqüentemente com a literatura estrangeira. Homens como Luiz Gama, Rui Barbosa, Ubaldino do Amaral, Saldanha Marinho, Antônio Alves Pereira Coruja, Pe. Almeida Martins, Visconde do Rio Branco, entre tantos outros, lutaram pela eliminação da escravidão.

Este pensamento existia na Maçonaria brasileira do século XIX. Ajustava-se ao contexto da época em que se buscava solucionar o problema da escravidão. O humanismo, sem se confundir, necessariamente, com outro importante aspecto da Maçonaria, o humanitarismo[(12)], serviu de paradigma na luta contra as injustiças e exploração do negro no nosso país. A Maçonaria ensinava aos seus membros

---

(10) José Castellani, *Histórias Pitorescas de Maçons Célebres*, p. 56, Londrina: Editora Maçônica "A TROLHA", 1997.

(11) Nicola Aslan, *Pequenas Biografias de Grandes Maçons Brasileiros*, p. 156, Rio de Janeiro: Editora Maçônica, 1973.

(12) O humanismo [como filosofia cujo ponto central é o respeito pelo Homem e pela Humanidade concebidos como valores essenciais] é característica de toda a Maçonaria. De fato, também o seu objetivo primacial é o aperfeiçoamento do homem em si mesmo e nas relações com o seu semelhante, o culto da fraternidade, da igualdade e da liberdade humana. Ela é contra toda e qualquer atitude desumanizante. Veja A. H. Oliveira Marques, *Dicionário de Maçonaria Portuguesa*, I , v. Humanismo, Lisboa: Editoral Delta, 1986.

que deveriam respeitar tanto um teísta, um deísta, um agnóstico ou um negro.

Em nome do humanismo e do humanitarismo, os Maçons emancipacionistas procuraram influenciar o Governo Imperial na solução da escravidão do negro. Não foi alcançado o ideal proposto pela Ilustração de uma verdadeira abolição gradual nos moldes propostos por Condorcet(13), mas alguma coisa foi conseguida apesar do clima que se seguiu após a promulgação da Lei que aparentemente emancipava os nascituros. A abolição abrupta de l3 de maio de 1888 não obedeceu ao pensamento ilustrado de Condorcet que defendia a abolição gradual dos escravos remanescentes, daí as conseqüências sócio-econômicas que perduram até o momento atual: uma população marginalizada e violenta.

Estas conseqüências autorizam a admitir que o 13 de maio não tem mais como referenciar um ato de humanidade da regente. É entendimento de especialistas(14) que o 13 de maio estabeleceu uma sociedade que "substituiu os açoites pelos acidentes de trabalho como uma das formas cruciais de disciplinarização e mutilação dos corpos dos trabalhadores".

A liberdade como essência do homem é contradição que permite a conclusão dialética da abolição gradual ao contrário da abolição abrupta representada pela Lei Áurea. Dentro da realidade histórica os princípios se alteram, porém o que se deve buscar é a possibilidade de se harmonizar a História e a Maçonaria. Ambas têm como preocupação o homem no seu tempo. Ambas demonstram claramente que a *liberdade* associada ao progresso deve ser, como preconizou

---

(13) CONDORCET, Marie Jean Antoine Nicolas Caricat. *A Escravidão dos Negros (Reflexões)*. Rio de Janeiro: Typ. de Serafim José Alves, 1881.

(14) Sidney Chalhoub. Visões da Liberdade. Uma História das Últimas Décadas da Escravidão na Corte. São Paulo: Companhia das Letras, 1990.

Hegel, uma conquista suficientemente amadurecida e culturalmente compreendida.

No contexto daquela época – *Século XIX* –, foi o melhor subsídio moral que a Maçonaria pôde oferecer para a abolição lenta e gradual proposta pela Ilustração e *esclarecida* por Hegel. Pode não ter sido a melhor contribuição, mas a História não é feita de *se*, porém de observação atenta ao passado da humanidade. Estudando a humanidade no seu tempo, a Maçonaria buscou, através de vultos com Luiz Gama, aqui tratado e discutido, o aperfeiçoamento constante do seu objetivo principal: O SER HUMANO, fosse ele branco ou negro.

Maçonaria na Universidade Nº 59

República. Origem e Desdobramentos no Brasil. Ledo e Bonifácio: Uma Questão de Poder

Antes de se falar da República e dos seus desdobramentos no Brasil, deve-se buscar, no seu contexto histórico a sua própria hermenêutica. Assim, a República, tal como é compreendida atualmente, nasceu com a História Contemporânea. Sua primeira manifestação moderna se deu nos Estados Unidos, em 1776, pela necessidade de fundar uma nação poderosa, confederada, para enfrentar as tentativas neocolonizadoras britânicas. Sua fase mais radical, no entanto, motivo da sua notoriedade, se deu na França, precisamente a 22 de setembro de 1792, durante a **Convenção.**

República é a versão latina da **Politéia**, de Platão,

assim como **República** é o título do principal texto político de Cícero. Entretanto, nos clássicos dos séculos XV a XVIII não existe oposição entre **República** e **Monarquia** como forma de governo, pois a primeira tinha o mesmo sentido de **Estado**, conforme podemos observar em Jean Bodin – ***Les six livres de la République (1576)***. Etimologicamente a palavra vem do latim **respublica**, coisa pública.

Os intelectuais do século XVIII, entre eles Montesquieu, consideraram a **República** como o governo do povo, com a democracia e eleições; a **Monarquia** como o governo de um só, mas com leis; o **Despotismo**, igualmente o governo de um só, porém sem leis que o regulasse.

No Brasil a Monarquia realizou um importante papel na garantia da ordem e da unidade territorial. Quando da independência não havia o sentido nacional, apenas interesses regionais, que, fatalmente, sem a unidade centralizadora da coroa, teriam fragmentado a nação recém-emancipada. Apesar disto, na opinião de Joaquim Nabuco, "de 1831 a 1840 a República foi experimentada em nosso país [...] A Regência foi a República de fato, a República provisória".

Apesar do entendimento de Nabuco, ainda era muito cedo para o advento da República. Seria preciso aguardar a década de 1870, quando os militares chegados dos campos do Paraguai decidiram participar da vida pública, da qual estavam distantes. Dom Pedro II não os via com bons olhos. Para o Imperador o lugar de militar era na construção de obras públicas. O antimilitarismo do Imperador, ao lado do anticlericalismo – ***o padre deve ser mestre-escola*** –, contribuíram, na década seguinte, para enfraquecer o trono, fortalecendo o ideal republicano.

Deste modo, compreendida a República nos seus diversos aspectos, torna-se transparente a sua ligação com o Iluminismo, aqui chegado pelas sociedades secretas, pelas academias e pelos discursos individuais daqueles que estudaram na Europa, mas que não passavam de discursos naqueles meios alternativos de sociabilidade. Não se pode falar de movimento republicano para valer, antes do término da Guerra do Paraguai. Para aqueles que ainda sustentam o contrário, opondo José Bonifácio a Gonçalves Ledo, indico a leitura do Manifesto de 1 de agosto de 1822 aos brasileiros, redigido por Gonçalves Ledo e assinado por D. Pedro I[(1)].

Ledo e Bonifácio representam uma página importante da História do Brasil. Ambos pretendiam a independência mantidos os laços com Portugal. O Manifesto que iremos transcrever deixa isto muito claro: a proposta de se conservar **"debaixo do mesmo chefe duas famílias separadas por imensos mares"**.

A oposição entre Ledo e Bonifácio nunca foi ideológica, mas de poder. Quando dos preparativos para a convocação da constituinte, o grupo de Ledo – **leia-se Maçonaria** –, pretendia o privilégio que Bonifácio entendia ser dele como Ministro de D. Pedro. Habilmente Ledo convida Bonifácio para ser o Grão-Mestre do seu partido político, ou seja, a Maçonaria e, na qualidade de chefe dos Maçons e representante do Imperador, convoca a constituinte e acalma, por muito pouco tempo, as intrigas políticas que iriam atingir, alternadamente, os dois próceres da liberdade política do Brasil.

A leitura atenta do Manifesto deixa patente a convergência ideológica dos dois ilustres brasileiros. A uma, porque foi redigido por Ledo; a duas, porque sustenta o mesmo ponto de vista de Bonifácio: manter o quanto possível as duas coroas – **Portugal e Brasil** – sobre a cabeça de D. Pedro I. Eis a transcrição na íntegra do Manifesto:

---

(1) Fonte: Liberato de Castro Carreira, "História Orçamentária do Império do Brasil", volume 1, Brasília, INL, Rio de Janeiro, Casa de Rui Barbosa, 1980, pp. 50-57.

Brasileiros[2]*! Está acabado o tempo de enganar os homens, os governos que ainda querem fundar o seu poder sobre a pretendida ignorância dos povos, ou sobre antigos erros e abusos, têm de ver o colosso de sua grandeza tombar da frágil base sobre que se erguera outrora. Foi por assim o não pensarem, que as Cortes de Lisboa forçaram as províncias do sul do Brasil a sacudir o jugo que lhe preparavam; foi por assim pensar que eu agora vejo reunido todo o Brasil em torno de mim, requerendo-me a defesa de seus direitos e a manutenção de sua liberdade e independência. Cumpre portanto, ó brasileiros, que eu vos diga a verdade; ouvi-me pois.*

O Congresso de Lisboa, arrogando-se ao direito tirânico de impor ao Brasil um artigo de nova crença, firmado em um juramento parcial e provisório, e que de nenhum modo podia envolver a aprovação da própria ruína, o compeliu a examinar aqueles pretendidos títulos e a conhecer a injustiça de tão desassisadas pretensões. Este exame, que a razão insultada aconselhava e requeria, fez conhecer aos brasileiros que Portugal, destruindo todas as formas estabelecidas, mudando todas as antigas e respeitáveis instituições de monarquia, correndo a esponja de ludibrioso esquecimento por todas as suas relações, e reconstituindo-se novamente, não podia compulsá-los a aceitar um sistema desonroso

---

(2) Vale destacar que foi Ledo, no seu "Revérbero Constitucional", órgão doutrinário da independência, quem primevamente se utilizou da expressão brasileiros. O jornal alterou o nome de "brasilienses", como eram chamados os habitantes do Brasil. Cif. Barbosa Lima Sobrinho. Antologia do Correio Brasiliense, Rio de Janeiro: Livraria Editora Cátedra, 1977 e Frederico Guilherme Costa, Questões Controvertidas da Arte Real, p. 83, v. III, Londrina: Editora Maçônica "A TROLHA", 1997.

e aviltador, sem atentar contra aqueles mesmos princípios em que fundara a sua revolução e o direito de mudar as suas instituições, sem destruir essas bases que estabeleceram seus novos direitos nos direitos inalienáveis dos povos, sem atropelar a marcha da razão e da justiça, que derivam suas leis da mesma natureza das coisas e nunca dos caprichos particulares dos homens.

Entre as províncias meridionais do Brasil, coligando-se entre si, tomando a atitude majestosa de um povo que reconhece entre os seus direitos os da liberdade e da própria felicidade, lançaram os olhos sobre mim, o filho do seu rei e seu amigo, que encarando no seu verdadeiro ponto de vista esta tão rica e grande porção do nosso globo, que conhecendo os talentos de seus habitantes, e os recursos imensos de seu solo, via com dor a marcha desorientada e tirânica dos que tão falsa e prematuramente haviam tomado os nomes de pais da pátria, saltando de representantes do povo de Portugal a soberanos de toda a vasta monarquia portuguesa. ***Julguei então indigno de mim e do grande rei de quem sou filho e delegado, o desprezar os votos de súditos tão fiéis, que, sopeando talvez desejos e propensões republicanas, desprezaram exemplos fascinantes de alguns povos vizinhos, e depositaram em mim todas as suas esperanças, salvando deste modo a realeza neste grande continente americano, e os reconhecidos direitos da augusta casa de Bragança***[(3)]*.*

(3) O destaque mostra o desprezo pela República, a crítica aos vizinhos e a necessidade de se consolidar a monarquia.

Acedi a seus generosos e sinceros votos, e conservei-me no Brasil, dando parte desta minha firme resolução ao nosso bom Rei, persuadido que este passo devera ser para as Cortes de Lisboa o termômetro das disposições do Brasil, da sua bem sentida dignidade e da nova elevação de seus sentimentos, e que as faria parar na carreira começada, e entrar no trilho da justiça de que se tinham desviado. Assim mandava a razão; mas as vistas vertiginosas do egoísmo continuaram a sufocar os seus brados e preceitos, e a discórdia apontou-lhes novas tramas; subiram então de ponto, como era de esperar, o ressentimento e a indignação das províncias coligadas, e, como por uma espécie de mágica, em um momento todas as suas idéias e sentimentos convergiram em um só ponto e para um só fim. ***Sem o espírito das armas, sem as vozerias da anarquia, requereram-me elas, como ao garante de sua preciosa liberdade e honra nacional, a pronta instalação de uma assembléia geral constituinte e legislativa no Brasil***[(4)].

Desejara eu poder alongar este momento, para ver se o devaneio das Cortes de Lisboa cedia às vozes da razão e da justiça e a seus próprios interesses; mas a ordem, por elas sugerida e transmitida aos cônsules portugueses, de proibir os despachos de petrechos e munições para o Brasil, era um sinal de guerra e um começo real de hostilidade.

Exigia pois este reino, que já me tinha

(4) D. Pedro é apresentado como um **salvador**. A Constituição aparece no texto como se fosse um acidente.

declarado seu defensor perpétuo, que eu provesse de modo mais enérgico e pronto à sua segurança, honra e prosperidade. ***Se eu fraquejasse na minha resolução, atraiçoava por um lado minhas sagradas promessas, e por outro, quem poderia sobrestar os males da anarquia, a desmembração das suas províncias, e os furores da democracia*[5] *?*** *Que luta porfiosa entre os partidos encarniçados, entre mil sucessivas e encontradas facções? A quem ficariam pertencendo o ouro e os diamantes das vossas inesgotáveis minas, estes rios caudalosos que fazem a força dos Estados, esta fertilidade prodigiosa, fonte inexaurível de riquezas e de prosperidade? Quem acalmaria tantos partidos dissidentes, quem civilizaria a nossa povoação disseminada e partida por tantos rios que são mares? Quem iria procurar os nossos índios no centro de suas matas impenetráveis, através das montanhas altíssimas e inacessíveis? De certo, brasileiros, lacerava-se o Brasil, esta grande peça da benéfica natureza, que faz a inveja e a admiração das nações do mundo, e as vistas benfazejas da Providência se destruíam ou pelo menos se retardavam por longos anos.*

Eu fora responsável por todos estes males, pelo sangue que ia derramar-se e pelas vítimas que infalivelmente seriam sacrificadas às paixões e aos interesses particulares.

Resolvi-me portanto, tomei o partido que os povos desejavam, e mandei convocar a assembléia constituinte do Brasil, a fim de ***cimentar a independência política deste reino, sem***

(5) A democracia aparece no texto dentro do conceito da época, obviamente.

romper, contudo, os vínculos da fraternidade portuguesa; harmonizando-se com decoro e justiça todo o Reino unido de Portugal, Brasil e Algarves, e conservando-se debaixo do mesmo chefe duas famílias separadas por imensos mares, que só podem viver reunidas pelos vínculos da igualdade de direitos e recíprocos interesses[(6)] **.**

Brasileiros! Para vós não é preciso recordar todos os males a que estáveis sujeitos e que vos impeliram à ***representação que me fez a Câmara e povo desta cidade no dia 23 de maio, que motivou o meu real Decreto de 3 de junho do corrente ano***[(7)]*; mas o respeito que devemos ao gênero humano exige que demos as razões da vossa justiça e do meu comportamento. A história dos feitos do Congresso de Lisboa a respeito do Brasil é uma história de enfiadas injustiças e sem razões; seus fins eram paralisar a prosperidade do Brasil. consumir toda a sua vitalidade e reduzi-lo a tal inanição e fraqueza, que tornasse infalível a sua ruína e escravidão. Para que o mundo se convença do que digo, entremos na simples exposição dos seguintes fatos.*

Legislou o Congresso de Lisboa sobre o Brasil, sem esperar pelos seus representantes, postergando assim a soberania da maioria da nação.

---

(6) Monarquia dual. Independência, mantidos os laços com Portugal.

(7) Referência à sessão extraordinária do Senado da Câmara que decidiu mandar a "representação que o povo desta cidade dirige à presença de Sua Alteza Real o Príncipe regente constitucional e defensor perpétuo do Brasil, em que pretende e requer, que o mesmo Senhor mande convocar nesta corte uma assembléia geral das províncias do Brasil". Assinam: ***José Clemente Pereira; João Soares de Bulhões; Domingos Viana Gurgel do Amaral; Domingos Antunes Guimarães; José Antonio dos Santos Xavier***. O Decreto de 3 de junho atendeu a solicitação do Senado da Câmara. Cif. Liberato de Castro Carreira, op. cit., pp. 42/47.

Negou-me uma delegação do Poder Executivo, de que tanto precisava para desenvolver todas as forças de sua virilidade, visto a grande distância que o separa de Portugal, deixando-o assim sem leis apropriadas ao seu clima e circunstâncias locais, sem prontos recursos às suas necessidades.

Recusou-lhe um ***centro de união***[8] *e de forças, para o debilitar, incitando previamente as suas províncias a despegarem-se daquele, que já dentro de si tinham felizmente.*

Decretou-lhe governos sem estabilidade e sem nexo, com três centros de atividade diferente, insubordinados, rivais, e contraditórios, destruindo assim a sua categoria de reino, aluindo assim as bases da sua futura grandeza e prosperidade, e só deixando-lhe todos os elementos da desordem e da anarquia.

Excluiu de fato os brasileiros de todos os empregos honoríficos, e encheu vossas cidades de baionetas européias, comandadas por chefes forasteiros, cruéis, imorais.

Recebeu com entusiasmo e prodigalizou louvores a todos estes monstros, que abriram chagas dolorosas nos vossos corações, ou prometeram não cessar de abri-las.

Lançou mãos roubadoras aos recursos aplicados ao Banco do Brasil, sobrecarregado de uma dívida enorme nacional, de que nunca se ocupou

---

(8) Não devemos, necessariamente, ver na expressão "centro de união" uma referência à Maçonaria. Todavia, vale lembrar que na Constituição de Anderson, documento marco da Moderna Maçonaria, de janeiro de 1723, na sua parte concernente a Deus e à Religião, temos que a "Maçonaria é o Centro de União e o meio de conciliar uma verdadeira amizade entre as pessoas que, de outro modo, teriam ficado eternamente distantes" - Cif. Alec Mellor, *Dicionário da Franco-Maçonaria e dos Franco-Maçons*, p. 113, São Paulo: Martins Fontes, 1989.

o Congresso, quando o crédito deste banco estava enlaçado com o crédito público do Brasil e com a sua prosperidade.

Negociava com as nações estranhas a alienação de porções do vosso território, para vos enfraquecer e escravizar.

Desarmava vossas fortalezas, despia vossos arsenais, deixava indefesos vossos portos, chamando aos de Portugal toda a vossa marinha; esgotava vossos tesouros com saques repetidos para despesas de tropas, que vinham sem pedimento vosso para verterem vosso sangue e destruir-vos, ao mesmo tempo que vos proibia a introdução de armas e munições estrangeiras, com que pudésseis armar vossos braços vingadores e sustentar a vossa liberdade.

Apresentou um projeto de relações comerciais, que sob falsas aparências de quimérica reciprocidade e igualdade, monopolizava vossas riquezas, fechava vossos portos aos estrangeiros, e assim destruía a vossa agricultura e indústria, reduzia os habitantes do Brasil outra vez ao estado de pupilos e colonos.

Tratou desde o princípio, e trata ainda com indigno aviltamento e desprezo, os representantes do Brasil, quando têm a coragem de punir pelos seus direitos, e até (quem ousará dizê-lo!) vos ameaça com libertar a escravatura e armar seus braços contra seus próprios senhores.

Para acabar finalmente esta longa narração de horrorosas injustiças, quando pela primeira vez ouviu aquele Congresso as expressões da vossa justa indignação, dobrou de escárnio, ó brasileiros, querendo desculpar seus atentados com vossa própria vontade e confiança.

A delegação do Poder Executivo, que o Congresso rejeitou por anticonstitucional, agora é uma comissão do seio deste Congresso no-la oferece, e com tal liberalidade, que em vez de um centro do mesmo poder, de que só precisáveis, vos querem conceder dois e mais. Que generosidade inaudita! Mas quem não vê que isto só tem por fim destruir a vossa força e integridade, armar províncias contra províncias e irmãos contra irmãos?

Acordemos pois, generosos habitantes deste vasto e poderoso Império, está dado o grande passo da vossa independência e felicidade, há tanto tempo preconizado pelos grandes políticos da Europa. Já sois um povo soberano, já entrastes na grande sociedade das nações independentes, a que tínheis todo o direito. A honra e dignidade nacional, os desejos de ser venturosos, a voz da mesma natureza, mandam que as colônias deixem de ser colônias, quando chegam à sua virilidade; e ainda que tratadas como colônias, não o éreis realmente, e até por fim éreis um reino. Demais, o mesmo direito que teve Portugal para destruir as suas instituições antigas e constituir-se, com mais razão tendes vós, que habitais um vasto e grandioso país, com uma população (bem que disseminada) já maior que a de Portugal, e que irá crescendo com a rapidez com que caem pelo espaço os corpos graves. Se Portugal vos negar esse direito, renuncie ele mesmo ao direito, que pode alegar, para ser reconhecida a sua nova constituição pelas nações estrangeiras, as quais então poderiam alegar motivos justos para se intrometerem nos seus negócios domésticos, e para violarem os atributos da soberania e independência da nação.

Que nos resta pois brasileiros? Resta-nos unir-nos todos em interesses, em amor, em esperanças; fazer entrar a augusta assembléia do Brasil no exercício das suas funções, para que, meneando o leme da razão e da prudência, haja de evitar os escolhos que nos mares das revoluções apresentam, desgraçadamente, França, Espanha e o mesmo Portugal, para que marque com mão segura e sábia a partilha dos poderes, e firme o código da nossa legislação na sã filosofia, e o aplique às vossas circunstâncias peculiares.

Não o duvideis, brasileiros, vossos representantes ocupados, não de vencer resistências, mas de marcar direitos, sustentarão os vossos, calcados aos pés e desconhecidos há três séculos; ***consagrarão os verdadeiros princípios da monarquia representativa, brasileira, declararão Rei deste belo país o Sr. D. João VI meu augusto pai***(9)***, de cujo amor estais altamente possuídos,*** *cortarão todas as cabeças à hidra da anarquia e do despotismo, imporão a todos os empregados e funcionários públicos a necessária responsabilidade, e a vontade legítima e justa da nação nunca mais verá tolhido a todo o instante o seu vôo majestoso.*

Firmes no princípio invariável de não sancionar abusos, de onde a cada passo germinam novos abusos, vossos representantes espalharão a luz e nova ordem no caos tenebroso da fazenda pública, da administração econômica e das leis civis e criminais. Terão o valor de crer que as idéias úteis e necessárias ao bem da nossa espécie não são destinadas somente para ornar páginas de livros, e

(9) Advogando tais sentimentos, Ledo poderia ser republicano?

que a perfectibilidade concedida ao homem pelo Ente Criador e Supremo deve não achar tropeço e concorrer para a ordem social e felicidade das nações.

Dar-vos-ão um código de leis adequadas à natureza das vossas circunstâncias locais, da vossa povoação, interesses e relações, cuja execução será confiada a juízes íntegros, que nos administrem justiça gratuita, e façam desaparecer todas as trapaças do mesmo foro, fundadas em antigas leis obscuras, ineptas, complicadas e contraditórias. Eles darão um código penal, ditado pela razão e humanidade em vez dessas leis sanguinosas e absurdas de que até agora fostes vítimas cruentas. Tereis um sistema de impostos, que respeite os suores da agricultura, os trabalhos da indústria, os perigos da navegação e a liberdade do comércio; um sistema claro e harmonioso, que facilite o emprego e circulação de cabedais, e, arranque as 100 chaves misteriosas que fecham o escuro labirinto das finanças, que não deixavam ao cidadão lobrigar o rastro do emprego que se dava às rendas da nação.

Valentes soldados, também vós tereis um código militar, que formando um exército de cidadãos disciplinados, reúna o valor, que defende a pátria, às virtudes cívicas que a protegem e seguram.

Cultores das letras e ciências, mocidade brasileira, vós tereis um código de instrução pública e nacional, que fará germinar e vegetar viçosamente os talentos deste clima abençoado, e colocará a nossa constituição debaixo da salvaguarda das gerações futuras, transmitindo a toda a nação uma educação liberal, que comunique aos seus membros a instrução necessária para promoverem a felicidade do grande Estado brasileiro.

Encarai, habitantes do Brasil, encarai a perspectiva de glória e de grandeza que se nos antolha, não vos assustem os atrasos da vossa situação atual; o fluxo da civilização começa a correr já impetuoso desde os desertos da Califórnia até o estreito de Magalhães. Constituição e liberdade legal são fontes inesgotáveis de prodígios, e serão a ponte por onde o bom da velha e convulsa Europa passará ao nosso continente. Não temais as nações estrangeiras; a Europa, que reconheceu a independência dos Estados Unidos da América, e que ficou neutra na luta das colônias espanholas, não pode deixar de reconhecer a do Brasil, que com tanta justiça e tantos meios e recursos procura também entrar na grande família das nações. Nós nunca nos envolveremos nos seus negócios particulares, mas elas também não quererão perturbar a paz e o comércio representativo que vamos estabelecer.

Não se ouça pois entre nós outro grito que não seja – ***união****. Do Amazonas ao Prata não retumbe outro eco, que não seja –* ***independência****. Formem todas as nossas províncias o feixe misterioso, que nenhuma força pode quebrar. Desapareçam de uma vez antigas preocupações, substituindo o amor do bem geral ao de qualquer província ou de qualquer cidade. Deixai ó brasileiros, que escuros blasfemadores soltem contra vós, contra mim e contra o nosso liberal sistema, injúrias, calúnias e baldões; lembrai-vos que, se eles nos louvassem, o Brasil estava perdido, deixai que digam que atentamos contra Portugal, contra a mãe-pátria,* *contra nossos benfeitores; nós, salvando os nossos direitos, punindo pela nossa justiça e consolidando a nossa liberdade, queremos salvar Portugal de uma nova classe de tiranos.*

Deixai que clamem que nos rebelamos contra o nosso Rei; ele sabe que o amamos como a um Rei cidadão, e queremos salvá-lo do afrontoso estado, de cativeiro a que o reduziram, arrancando a máscara da hipocrisia a demagogos infames, e marcando como verdadeiro liberalismo os justos limites dos poderes políticos. Deixai que vozeiem querendo persuadir ao mundo que quebramos todos os laços da união com os nossos irmãos da Europa; não, nós queremos firmá-la em bases sólidas, sem a influência de um partido que vilmente desprezou nossos direitos, e que mostrando-se, à cara descoberta, tirano e dominador em tantos fatos, que já se não podem esconder, com desonra e prejuízo, enfraquece e destrói irremediavelmente aquela força moral, tão necessária em um Congresso, e que toda se apóia na opinião pública e na justiça.

Ilustres baianos, porção generosa e malfadada do Brasil, a cujo solo se tem agarrado mais essas famintas e empestadas harpias, quanto me punge o vosso destino! Quanto o não poder há mais tempo ir enxugar as vossas lágrimas e abrandar a vossa desesperação! Baianos, o brio é a vossa divisa, expeli de vossos seios esses monstros que se sustentam do vosso sangue; não os temais, vossa paciência faz a sua força. Eles já não são portugueses, expeli-os, e vinde unir-vos a nós, que vos abrimos os braços.

Valentes mineiros, intrépidos pernambucanos defensores da liberdade brasílica, voai em socorro dos vossos vizinhos irmãos; não é a causa de uma província, é a causa do Brasil que se defende na primogênita de Cabral. Extingui esse viveiro de fardados lobos, que ainda sustentam os sanguinários caprichos do partido faccioso. Recordai-vos, pernambucanos, da fogueira do Bonito e das cenas do Recife. Poupai porém e amai como irmãos a todos os portugueses pacíficos que respeitam os nossos direitos e desejam a nossa e a sua verdadeira felicidade.

Habitantes do Ceará, do Maranhão, do riquíssimo Pará, vós todos das belas e amenas províncias do Norte, vinde exarar e assinar o ato da vossa emancipação política. Brasileiros em geral, amigos, reunamo-nos; sou vosso compatriota, sou vosso defensor; encaremos, como único prêmio dos nossos suores e honra, a glória, prosperidade do Brasil. Marchando por esta estrada, ver-me-eis sempre à vossa frente e no lugar do maior perigo. A minha felicidade (convencei-vos) existe em vossa felicidade; é minha glória reger um povo brioso e livre. Dai-me o exemplo das vossas virtudes e da vossa união. Serei digno de vós.

*Palácio do Rio de Janeiro, 1º de agosto de 1822 – **Príncipe Regente**"*

Maçonaria na Universidade Nº 60

A Maçonaria e a República

Este trabalho tem por objeto apresentar a Maçonaria brasileira no processo político que culminou com a derrubada do Império. Enquanto Instituição esteve ausente, mas esta atitude de não se envolver em política partidária não recebeu a concordância de todos os Maçons. É o que veremos a seguir à luz dos documentos que conseguimos recolher.

Quando estudamos a eventual participação da Maçonaria na proclamação da República brasileira, esbarramos na velha história política onde o fato político pretende explicar todo o processo histórico. Estamos nos referindo à historiografia publicada no final do século XIX e início do XX, caracterizada por uma história cronológica e episódica; uma história linear que não tratava das durações múltiplas, nem fazia a necessária relação do evento com a estrutura e com a conjuntura; história dos grandes personagens.

Essa historiografia, segundo José Honório Rodrigues[1], desconsidera questões essenciais para que se planeie um estudo fiel àquilo que efetivamente existiu, tais como as revoltas, os movimentos contestatórios e, no caso presente, as abordagens personalistas de determinados Maçons a favor da República.

Esta historiografia tradicional nos informa que os últimos anos da vida do Império corresponderam ao período de decadência do modelo escolhido quando da Independência do Brasil. Grande parte desta historiografia aponta três fatos políticos que demonstram esta situação de declínio: a abolição da escravatura, a chamada questão religiosa e a questão militar[2].

O tema exige um estudo de longa duração para romper com esta história factual, episódica. René Rémond em seu livro clássico "A direita na França" fez este estudo. Igualmente, as raízes de uma "nova história política"[3] podem ser buscadas em Annales. Antigamente a história política preocupava-se com a parte institucional. Hoje aprendemos que este conceito político foi dilatado. No nosso entendimento, ao lado de uma política demográfica, ecológica, etc., deve haver lugar para o estudo da política nas diversas formas de sociabilidade, entre elas a Maçonaria.

Conceituar sociabilidade, palavra polissêmica, com vários sentidos, é complicado. É preciso estabelecer o tipo de

---

(1) José Honório Rodrigues. *História, Corpo do Tempo*, pp. 135, 150 e ss. São Paulo: Perspectiva, 1976.

(2) Cruz Costa. *Pequena História da República*, 3ª ed. Rio de Janeiro: Editora Civilização Brasileira, 1974, p. 11. Emília Viotti da Costa ***in*** *Da Monarquia à República: Momentos Decisivos*, São Paulo: Editora Brasiliense, 5ª ed., 1987, mostra grande parte desta historiografia quando trata das origens da República, pp. 266-320.

(3) Sobre a nova História Política veja René Rémond (org.). *Por uma História Política*. Rio de Janeiro: Editora UFRJ/Fundação Getúlio Vargas, 1996.

sociabilidade que se pretende trabalhar. Na década de 60 na França, o primeiro a se ocupar com o tema foi Maurice Agulhon com a tese "Penitentes e Maçons na Antiga Provença"[(4)].

O título original desta tese era "Confrarias e Associações na Provença do Século XVIII". Agulhon rompeu com a visão impressionista do estudo das associações. Ele estava propondo estudar as sociabilidades pelas densidades das associações constituídas e as mudanças que sofriam em determinado quadro histórico e geográfico. Propôs uma história comparativa, quantitativa e o estudo das características das associações, inclusive estudando as suas identidades.

Será nas formas alternativas de sociabilidades, entre elas a Maçonaria, que os temas políticos serão debatidos, entre eles a abolição da escravatura e a própria proclamação da República. Inicialmente veremos o papel da abolição neste processo.

É verdade que a abolição marcou profundamente a caminhada na direção da proclamação, assim como o apoio dos militares. Entretanto, o que aconteceu foi que tanto a abolição, como a Questão Militar, a Religiosa e o próprio papel do Partido Republicano foram superestimados pela historiografia tradicional e pela maçônica[(5)].

Em 3 de dezembro de 1870 o jornal ***A República***, órgão do Partido Republicano que reunia os mais renomados elementos da literatura e da imprensa, publicou o manifesto republicano, redigido por Quintino Bocaiúva e assinado por

(4) Maurice Agulhon. *Pénitents et Francs-Maçons dans l'ancienne Provence*. Paris: Fayard, 1968.

(5) No caso da historiografia maçônica são inúmeros os exemplos. Cif. as obras de Tenório Albuquerque, todas da Gráfica Editora Aurora, sem data, Rio de Janeiro. Na mesma direção caminham os anais da Academia Brasileira Maçônica de Letras, cif. "Anais do 3º Congresso Internacional de História e Geografia", Caxias do Sul, RS, Brasil - 28 a 30 de março de 1986.

57 nomes, quase todos de prestígio na época, sendo o primeiro de Joaquim Saldanha Marinho, político e jornalista pernambucano. O documento rememorava os erros do regime, destacava a vocação federalista e americana do Brasil, mas não mencionava o problema da escravidão, visto que o tema era polêmico e ameaçava dividir a "elite agrária", base fundamental para o sucesso da proclamação. Ainda assim, a abolição era informalmente discutida. Nos anos seguintes, o Império começaria a desabar com a perda dos dois pilares de sustentação da monarquia: o Exército e a Igreja.

Este manifesto mostra a existência pública dos intelectuais. O procedimento se deu através de um manifesto onde os assinantes se mostravam como cidadãos possuidores de mentes que deveriam ser respeitadas. Este assunto foi muito bem estudado por Christophe Charle na obra "Naissance des Intellectuels (1880-1900)"[(6)]. Nela o autor procura diferenciar os "tipos" de intelectuais, fazendo a distinção entre intelectual e elite. No período estudado por Christophe tínhamos um duplo paradoxo na concepção de elite e intelectuais. Para alguém ser elite tinha que ter força econômica e política, participar de uma base social decididamente reconhecida. Já os intelectuais seriam aqueles que teoricamente mostravam suas especificidades e tentavam se sobrepor a uma determinada elite.

José Murilo de Carvalho sustenta que nos países de revolução burguesa – ***Inglaterra e Estados Unidos*** –, as elites eram oriundas, basicamente, do Parlamento; nos de revolução burguesa retardada – ***Prússia*** –, um misto de elites burocráticas e representativas; nos países, como

---

(6) Christophe Charle. *"Naissance des Intellectuels (1880-1900)"*. Paris: Les Éditions de Minuit, 1990.

Portugal, que tiveram a revolução liberal abortada, predominou o elemento burocrático[7].

No Brasil a elite possuía a sua própria especificidade. Ela era ideologicamente homogênea após a independência devido a sua formação jurídica em Portugal, sua participação no serviço público, sobretudo da magistratura e do Exército e o distanciamento do sentimento revolucionário[8].

Assim, a elite caracterizava-se pela homogeneidade, particularmente no que tange à ideologia estatista e conservadora resultante da formação jurídica própria de Coimbra, do estamento funcional público e da distância das idéias revolucionárias.

Destacava-se, nesta elite dirigente, os magistrados em detrimento dos militares, declinante no Primeiro reinado e na Regência, só ressurgindo a partir de 1864 na Guerra do Paraguai com a criação do Exército Nacional que, ao lado dos fazendeiros paulistas e dessa elite nacional, estabeleceram uma união, mas com a supremacia do poder civil e com pouca influência dos militares nas decisões de política nacional[9], que desestabilizará o Império do Brasil.

Muitos destes fazendeiros do oeste novo paulista serão fundadores do Partido Republicano Paulista. A Questão Militar, com raízes nesta Guerra, mostrou as contradições das estruturas político-sociais do Império, permitindo, por variados motivos, o despertar da consciência republicana nos oficiais brasileiros. No fim do conflito a oficialidade tomou noção da importância do Exército e a disposição de participar ativamente da vida política nacional, principalmente criticando o estatuto da escravidão.

A chamada Questão Religiosa representou um grave

---

(7) José Murilo de Carvalho. *A Construção da Ordem*. P. 28. Rio de Janeiro: Editora UFRJ/Relume Dumará, 1996.
(8) Idem, pp. 33/34.
(9) Idem, p. 47.

conflito entre o governo e parte do episcopado brasileiro e, indiretamente, a Maçonaria. O pretexto para o desencadeamento da crise foi uma Sessão Maçônica realizada a 2 de março de 1872 para comemorar a Lei do Ventre Livre[10]. Durante a cerimônia, Antônio Alves Pereira Coruja pronunciou um discurso exaltando o papel da Maçonaria na emancipação dos escravos. Em seguida, o padre Almeida Martins, Grande Orador Interino do Grande Oriente do Brasil, proferiu importante peça oratória em homenagem ao Grão-Mestre, visconde do Rio Branco, e a promulgação da lei de 28 de setembro de 1871[11].

O arrazoado foi publicado, no dia seguinte, pelos jornais, causando a reação do bispo do Rio de Janeiro, D. Pedro de Lacerda, que, intimando o padre, exigiu que ele abandonasse publicamente a Maçonaria, o que foi recusado sob o argumento de que as bulas condenatórias à Maçonaria não haviam recebido o ***placet*** do governo como exigia a Constituição do Império no seu Ato Adicional e a concordata assinada com o Vaticano.

O ano de 1870 é marcado por um momento onde a idéia de progresso fazia parte do cotidiano do homem europeu. As idéias de Augusto Comte - ***Estado Teológico, Metafísico e Científico; o amor por princípio, a ordem por base e o progresso por fim***, foram absorvidas tanto pelo Exército como pelos republicanos[12]. A idéia de miscigenação das

(10) No MANIFESTO DA MAÇONARIA DO BRASIL, de 27 de abril de 1872, constante dos arquivos do Grande Oriente do Brasil e publicado por Marcelo Linhares ***in*** *A Maçonaria e a Questão Religiosa do Segundo Império, Brasília:* Comitê de Imprensa do Senado Federal, 1988, temos a comprovação de que a lei de 28 de setembro de 1871 - ***A Lei do Ventre Livre*** - traduz uma conquista da Maçonaria brasileira. A parte III do Manifesto constitui o anexo I.

(11) Nessa cerimônia, ao som do hino de emancipação, foram entregues doze cartas de liberdade a menores alforriadas, em mais uma demonstração da participação institucional da Maçonaria brasileira na emancipação do negro. Cif. Boletim do Grande Oriente do Brasil, p. 98, março de 1872.

(12) Benjamim de Oliveira Filho. *A Filosofia Social de Augusto Comte.* Rio de Janeiro: Hadad Editor, 1954. Logo na Introdução o autor nos dá conta de que "Comte (...) é e sempre foi, fundamentalmente, um reformador social".

raças na direção da ***raça cósmica***, defendida por Comte, parecia dar um sentido para a nação sem abrir mão do controle social: uma nação miscigenada liderada por brancos. Os movimentos emancipacionistas, entre eles a Maçonaria, defensores da gradualidade associada à idéia de progresso, transformaram a escravidão em um problema que precisava ser equacionado pela Coroa.

Por toda a década de 1880 a idéia republicana, na imprensa, nas eleições parlamentares, nos ***"clubes"***, contaminou o país sem, entretanto, chegar a consolidar o Partido Republicano como partido nacional. Em São Paulo os políticos desta agremiação eram naturalmente fazendeiros; no Rio de Janeiro a maioria era constituída pelas camadas urbanas.

O partido se apresentava heterogêneo com alguns "revolucionários", adeptos da derrubada da monarquia com violência, e os "moderados", defensores da tomada do poder pelo caminho pacífico. Alguns estavam preocupados com os pontos programáticos do partido; outros com os seus próprios interesses político-administrativos. O "povo"[(13)], por sua vez não participava do processo, apesar de alguns episódios que redefiniram os atores em uma nova cartografia da cultura política[(14)].

Devemos destacar a imprensa, que desenvolveu papel fundamental na expansão de novas formas de sociabilidade. Estamos nos referindo a uma pedagogia política através da imprensa, matéria brilhantemente apresentada por François-Xavier Guerra, na obra *Modernidad e independências. Ensayos sobre las revoluciones hispânicas.*

---

(13) José Murilo de Carvalho. *A Formação das Almas. O Imaginário da República no Brasil*. São Paulo: Companhia das Letras, 1990.

(14) Sandra Lauderdale Graham. "O Motim do Vintém e a Cultura do Rio de Janeiro 1880" ***in*** *Revista Brasileira de História* nº 10 (Reforma e Revolução), nº 20, mar. 91/ago. 91. São Paulo: Editora Marco Zero, 1991.

México: Mapfre/Fondo de Cultura Económica, 1992. Com ela identificamos a opinião pública moderna e o espaço público político. A difusão dos periódicos tem, na opinião deste autor, a possibilidade de contribuir para explicar o fenômeno.

Portanto, dentro da ação coordenada pela imprensa dos últimos anos do Império, na busca da "pedagogia política", percebemos um plano claro e tenazmente seguido para transformar as mentalidades dos seus leitores. Ao lado de ***A República***, surgiram inúmeras publicações menores preocupadas em detalhar os escândalos do governo. As caricaturas publicadas em diversas revistas se concentravam nas figuras imperiais, especialmente na inconsistência política da herdeira do trono e nos desmandos do seu marido, o francês Conde D'Eu. Estas imagens, caricaturando o regime e atacando as instituições vistas como apodrecidas, possibilitaram o entendimento, em alguns segmentos da população, de que a futura imperatriz do Brasil possuía espírito fraco e que o príncipe Consorte era um homem perigoso e avarento. A princesa era dirigida pelos padres ultramontanos e o seu esposo educado na fatal escola do direito divino e do predomínio militar. O Imperador Pedro II, diabético, ia ficando privado de sua antiga energia, o que fazia prever, então, um fim próximo, com a conseqüente subida, ao trono, da princesa Isabel e do seu marido.

Não houve, nessa ocasião, uma mobilização oficial da Maçonaria, através do Grande Oriente do Brasil, como ocorreu em 1822, por ocasião da Independência; o movimento, todavia, contou com a decisiva e eficiente participação de Maçons, civis e militares.

Temos defendido o ponto de vista que os pronunciamentos dos Maçons, neste episódio, eram pessoais, não envolvendo, necessariamente, a Maçonaria como

Instituição[15], apesar da "efervescência nas Lojas e nos clubes republicanos de inspiração maçônica, destacando-se, nesse período, muitos Maçons civis, que seriam chamados de ***republicanos históricos***: Quintino Bocayuva (...) Grão-Mestre do GOB [Grande Oriente do Brasil], Campos Salles (...) Prudente de Moraes (...) Silva Jardim, Rangel Pestana, Francisco Glicério, Américo de Campos, Pedro de Toledo, Américo Brasiliense, Ubaldino do Amaral, Aristides Lobo, Bernardino de Campos e outros"[16].

De fato, a Maçonaria brasileira enquanto Instituição, esteve ausente do processo. Entretanto, como veremos, vários Maçons e diversas Lojas aprovaram moções contrárias ao Terceiro Reinado e pelo estabelecimento do regime republicano.

Assim, de São Paulo, as Lojas "Independência" e "Regeneração III", de Campinas, no dia 20 de junho de 1888, enviaram o seguinte documento a todas as Lojas, pedindo apoio para uma ***conspiração*** "contra a próxima instalação do III Reinado":

A' Gl∴ do Gr∴ Arch∴ do Un∴

A' Aug∴ e Resp∴ Loj∴ [aqui era colocado o nome da Loja]

Sita ao Val∴ de [aqui a cidade ou região da Loja][17]

Sessão das Lojas "Independência" e "Regeneração III" em Campinas, província de S. Paulo em 20 de Junho de 1888 (Era Vulgar).

Estas Augustas Lojas, no exercício pleno dos

---

(15) Frederico G. Costa. "A Maçonaria e o Terceiro Reinado" ***in*** *Maçonaria Concreta*. Londrina: Editora Maçônica "A TROLHA", 1992.

(16) José Castellani. "Fim da cisão, a abolição e a república" ***in*** *História do Grande Oriente do Brasil*. Brasília: Poder Central, 1993.

(17) A partir deste ponto iremos eliminar os tripontos para que o texto se torne legível para aqueles não habituados com a escrita maçônica.

direitos mais antigos da nossa Sublime Ordem, vem solicitar o concurso e a cooperação dessa Augusta Loja para uma representação ao Sapientíssimo Grande Oriente no sentido que passam a expor.

Em sessão plena, realizada em comum no dia 15 do corrente, foi discutida e aprovada a proposta seguinte:

** Propomos que esta Augusta Loja inspirando-se no santo amor da Pátria, pronuncie-se com leal franqueza contra a próxima instalação do 3º reinado, pelo previsto ainda que lamentável falecimento do sr. D. Pedro II.*

** A Senhora Princesa Regente, futura Imperatriz do Brasil, é notoriamente católica, fanática e seu espírito, fraco, todos sabem que é dirigido pelos padres romanos.*

** O Príncipe Consorte, sr. Conde d'Eu, é homem avarento, educado na fatal escola do direito divino e do predomínio militar.*

** É claro, portanto, que a futura Imperatriz, ou seja pela influência dos seus confessores, ou pela influência do seu esposo, presidirá a mais intransigente perseguição à Maçonaria do Brasil.*

** Em tal conjuntura é dever intelectual da nossa Ordem, colocar-se ao lado da Pátria e conspirar resolutamente contra o 3º reinado. Assim, propomos:*

** Que esta Augusta Loja se pronuncie no sentido supra referido, dirija a todas as Lojas do Círculo, pranchas [o mesmo que cartas], convidando-as a pronunciarem-se sobre o mesmo assunto.*

** Que uma especial representação seja dirigida*

ao Grande Oriente do Brasil, solicitando o seu pronunciamento em relação à matéria desta proposta.

Ao Sapientíssimo Grande Oriente foi já remetida a Representação de que fala a proposta, invocando a sua confraternização neste empreendimento sério, mas iniludível para a Maçonaria Brasileira.

As Lojas que esta vos dirigem aguardam a vossa deliberação, e rogam-vos o favor de comunicardes qual a deliberação que tomardes acerca do assunto da proposta e do que for deliberado.

O Supremo Arquiteto do Universo vos ilumine e guarde.

Os Veneráveis
Francisco Glicério. Grau 33
Cezar Augusto Tavares Santiago. Grau 33

Os 1os Vigilantes
Bento Guirino dos Santos. Grau 33
Luiz Battelli. Grau 18

Os 2os Vigilantes
Antônio B. de Cerqueira Leite. Grau 18
Jayme Bonas. Grau 30

Os Oradores
Dr. Antenor Augusto Ribeiro Guimarães. Grau 33
Paulino Moniz. Grau 18

Os Secretários
Joaquim Ignacio de Oliveira Leite. Grau 17
Vicente Leite de Camargo. Grau 3[18]

(18) Cópia da circular gentilmente cedida pelo "Centro de Estudos Dario Aragão" da Loja Maçônica "Independência e Luz", de Barra Mansa, Rio de Janeiro.

As respostas a essa circular dos Maçons de Campinas não foram homogêneas. Já publicamos[19] as respostas de duas Lojas, uma do Rio Grande do Sul – **"ACÁCIA RIOGRANDENSE"** – e outra da Bahia– **"CARIDADE E SEGREDO"**.

A Loja "Acácia Riograndense" protestou, com veemência, contra a ***conspiração*** das Lojas de Campinas, afirmando, inicialmente: "Devemos francamente declarar-vos que esta Augusta Loja ouviu, pasma e atônita, a leitura de vossa prancha; um sentimento de formal reprovação, uma como explosão de contrariedade unânime, veemente fez-se perceber entre os Obreiros que assistiam aos trabalhos da Sessão de 28 do pp. mês, na qual foi lida a vossa prancha". Em seguida, a Oratória manifestando a opinião da Loja declara que: "A Maçonaria não foi criada para fins políticos; a sua missão consiste em robustecer os laços da fraternidade universal, trabalhar pelo bem da humanidade e exercer a caridade sob todas as formas compatíveis com esse sublime sacerdócio"[20].

A outra Loja, da Bahia – "Caridade e Segredo" –, iniciou a sua resposta enaltecendo a princesa D. Isabel, responsável pela lei Áurea: "Considerando que tendo, a princesa Regente, governado com justiça e probidade os destinos de nossa Pátria e sancionado a áurea lei de 13 de maio de 1888, que aboliu a escravidão neste império". Prosseguindo, a Loja "Caridade e Segredo" condiciona o eventual apoio à princesa ao seu respeito e tolerância com a Maçonaria e à obediência total às decisões do Grande Oriente do Brasil. Esta resposta foi encaminhada ao Grande Oriente no dia 18 de dezembro de 1888.

Entretanto, já no dia 15 de outubro de 1888, o Grande

---

(19) Frederico Guilherme Costa, *Maçonaria Concreta*, 2ª ed., Londrina: Editora Maçônica "A TROLHA", 1997.

(20) Idem, ibidem.

Oriente do Brasil respondia as representações das Lojas de Campinas, lamentando que os princípios da Maçonaria, especialmente aqueles contrários aos assuntos manifestamente políticos e que não podem ser tratados nos seios da Instituição, tenham sido esquecidos pelos Irmãos de Campinas[21].

Nessa resposta, o Grande Oriente do Brasil repreendeu firmemente as representações contra o III Reinado, conforme fica claro com a leitura desta fonte primária, porém não existe nenhuma evidência de que as Lojas de Campinas tenham sofrido qualquer tipo de punição. O Grande Oriente do Brasil mostrava, com a sua atitude, coerência com o "Manifesto a Todos os Maçons do Mundo"[22], redigido por Gonçalves Ledo e assinado por José Bonifácio, proibindo todas as discussões políticas nos Templos Maçônicos. Este manifesto tornou-se necessário quando a Maçonaria brasileira pretendeu ser ***regular***, ou seja, ***reconhecida*** pela Maçonaria **regular** mundial. Neste sentido, não caberia outra atitude do Grande Oriente do Brasil, naquele momento, senão reafirmar os princípios da Maçonaria mundial, ainda que se admita que havia política por trás deste discurso apolítico.

O movimento republicano teve, todavia, a participação efetiva de muitos Maçons – ***como aqui ficou demonstrado no caso das Lojas Maçônicas de Campinas, um ano antes da derrubada do Império*** –, tanto militares quanto civis, na propaganda republicana, na doutrinação, no enfraquecimento da monarquia e na preparação do movimento, embora não tenha sido uma obra da Maçonaria, como Instituição.

O papel desempenhado por esta sociedade neste

---

(21) Cif. Anexo 2.
(22) Nicola Aslan. *Biografia de Joaquim Gonçalves Ledo*, t. II, pp. 287/294. Rio de Janeiro: Editora Maçônica, s/d.

episódio, assim como nos demais atos políticos está todavia por se elucidar. A pretendida contribuição da Maçonaria na proclamação da república brasileira, especialmente refletida na historiografia maçônica, foi o que criou o mito da sua força oculta.

O que parece claro é que durante a implantação da república, a Maçonaria experimentou um certo renascer e prestígio com ministério constituído, totalmente, de Maçons, liderados pelo Chefe do Governo Provisório que seria igualmente Grão-Mestre do Grande Oriente do Brasil(23). Todavia, é puro ufanismo tendencioso de alguns autores maçônicos afirmar que esses homens foram escolhidos por serem Maçons, pois, na realidade, a sua escolha deveu-se ao fato deles representarem a nata dos republicanos históricos (com exceção de Rui Barbosa), que por coincidência viera dos quadros das Lojas Maçônicas, numa época em que a Maçonaria abrigava os melhores homens do país e a elite da nação: ***elite tão bem contextualizada por José Murilo de Carvalho no seu trabalho já citado "A Construção da ordem".***

A Maçonaria latina, tradicionalmente, simpatizava com os ideais republicanos. No Brasil, apesar deste espírito ter animado muitos Maçons, a monarquia contava com os benesses do Grande Oriente do Brasil. Com certeza, o Império não caiu por causa da Maçonaria, ou mesmo de alguns Maçons, apesar de determinados segmentos conspirarem abertamente, como aqui ficou demonstrado, um ano antes da proclamação.

---

(23) José Castellani. *A Maçonaria e sua Política Secreta*. São Paulo: Traço Editora, 1981, p. 61.

Anexo I

MANIFESTO DA MAÇONARIA DO BRASIL, de 27 de abril de 1872, constante dos arquivos do Grande Oriente do Brasil e publicado por Marcelo Linhares ***in*** *A Maçonaria e a Questão Religiosa do Segundo Império, Brasília:* Comitê de Imprensa do Senado Federal, 1988.

"No dia 2 de Março do corrente anno verificou-se no Grande Oriente do Lavradio uma sunptuosa festa, celebrada em honra do Grão-Mestre, a quem foi oferecida uma medalha simbolica e comemorativa da vitoria alcançada pela inteligência e pelo patriotismo em prol dos míseros cativos.

A lei de 28 de setembro de 1871, a qual já passou á história entre os aplausos das nações mais civilizadas do mundo, tinha jus a receber nessa brilhante solenidade as congratulações do povo maçônico.

O Visconde do Rio Branco era o alvo das felicitações; porquanto, sendo S. Ex. o chefe do gabinete que propugnara no parlamento pelas vantagens irrefragáveis da promulgação de tão humanitaria lei, recordava o maçom que ao retirar-se do Paraguai, no caráter de ministro plenipotenciario, prometera entusiasticamente aos membros da augusta Loja "Fé"(24), ao vale de Assumpção, envidar todas as suas forças

(24) Em 1988 tivemos a oportunidade de assistir a exposição do cel. Cláudio Moreira Bento do Instituto Histórico e Geográfico Brasileiro, Diretor do Arquivo do Exército e do Instituto de Geografia e História Militar do Brasil, no IHGB, posteriormente publicada com o título *O Exército e a Abolição in* "A Abolição do Cativeiro". O seu subtítulo *Reunião da Loja Maçônica "Fé"* merece, no nosso entendimento, a reprodução integral: "Sabe-se, no entanto, que em 1870, depois do término da guerra do Paraguai, por ocasião de visita a Assunção, do Visconde do Rio Branco, na qualidade de representante do Governo do Brasil junto a suas forças em operações no Paraguai, a Loja Maçônica "Fé", local, integrada por oficiais do Exército, se reuniu em Sessão Magna em honra ao Visconde do Rio Branco que havia sido eleito Grão-Mestre da Maçonaria no Brasil. Nesta Sessão falou o Orador da Loja, o major de Infantaria do Exército Felipe Neri Monteiro que então apelou ao Visconde do intelectuaes e todo o seu valimento oficial em favor da reforma do elemento servil[25], já antes de seu governo anunciada, e promettida por outros não menos notáveis estadistas, pois que julgava-se amadurecida a questão no pensamento nacional e aplanadas as principaes dificuldades que a preteriram ante a maior importância dos brios do Imperio empenhados nessa campanha de cinco anos.

Ao ministro e estadista maçom que havia cumprido tão solene promessa, era, pois, justiça e dever da maçonaria brasileira render homenagens significativas, que perdurassem na memória do povo como um documento irrecusável do apreço que ligam corações maçônicos às conquistas dos sectarios de Wilberforce[26] e de Lincoln contra as sordidas cobiças dos emperrados escravocratas.

Abriram-se, pois, em grande gala os salões do grande Templo maçônico.

> ***Do seio do Oriente do Lavradio, representado por centenares de cavalheiros, choveram flores, palmas e aclamações em honra dos iniciadores da idéa bem como de quem promovera afinal a promulgação da Lei de 28 de Setembro, que bem se traduz em real vitória da Maçonaria.*** *"* *(DESTAQUE NOSSO)*

Rio Branco, detentor de altíssimas funções no Governo Imperial e na Maçonaria Brasileira: 'Libertamos um povo, mas em nossa pátria geme ainda na escravidão um sem número de homens que nasceram no mesmo solo abençoado em que nós nascemos e que são tão brasileiros como qualquer de nós é brasileiro. Vossa posição social, preclaríssimo Grão-Mestre, vossas luzes e vosso extremado patriotismo podem fazer com que, para esses infelizes raie também o sol da liberdade. É uma empresa digna de vossas virtudes patrióticas de vossos sentimentos generosos'. O apelo da Loja Maçônica "Fé" ao Visconde do Rio Branco frutificou em 28 de setembro de 1871, quando foi sancionada a Lei do Ventre Livre por ele apresentada e defendida com veemência em cumprimento à promessa feita a oficiais do Exército, em Assunção". Era o entendimento do Exército brasileiro de que o problema do recrutamento poderia ser resolvido com a emancipação dos escravos. Verificamos, com este depoimento, que o *problema* era, efetivamente, discutido nas Lojas Maçônicas, ainda que fora do território nacional, por Maçons brasileiros. Esta conferência do cel. Cláudio Moreira Bento, dentro da programação do IHGB para celebrar

Anexo II

"O Sapientíssimo Grande Oriente, depois de ouvir a sua Ilustríssima Comendadoria Central acerca do assunto, deliberou unanimimente em sessão extraordinária de 11 do mês corrente que se respondesse a essas Augustas Oficinas, representadas pela suas Luzes, o seguinte:

1º que lamenta que tão esquecidos e menosprezados estejam os princípios e leis da ordem, especialmente por aqueles, que possuindo elevados graus, devem saber que assuntos como este, manifestamente políticos, não podem ser tratados no seio da Maçonaria.

2º que as Augustas Oficinas **Independência** e **Regeneração 3ª** não podiam fazer sessões conjuntas, sem a devida permissão, na forma do art. 582 dos Regulamentos gerais, e tomar qualquer deliberação, quanto mais a de que se trata, e que se não podiam isto fazer, menos ainda comunicar às Oficinas [o mesmo que Lojas] co-irmãs a sua deliberação, atentatória dos princípios e leis da Ordem, convidando-as a acompanhá-las nesse ato irregular, que tende a produzir a desunião no seio da família maçônica.

3º que as ditas Augustas Oficinas e a Augusta Oficina **Estrela d'Oeste**[27], esqueceram as disposições da lei Constitucional que nos rege, a qual no art. 3º diz: **que a Maçonaria, tendo por divisa a Liberdade, Igualdade e**

---

o centenário da Lei Áurea, ocorreu no dia 20 de abril do citado ano tendo como moderador o general Jonas de Morais Correia Neto e como debatedores o general Morivalde Calvet Fagundes e o cel. Alberto Martins da Silva.

(25) Observe-se que o manifesto fala em ***reforma do elemento servil*** e não em escravidão do negro mostrando, assim, que o termo corrente era a abolição do elemento servil e não abolição do negro.

(26) Estadista e filantropo inglês – 1759/1883 –, reconhecido pela sua campanha para abolir a escravidão, obtida em 1807.

(27) Esta Loja também enviou ao Grande Oriente representação contrária ao terceiro reinado, conforme se verifica no início do documento.

Fraternidade, e professando para seu engrandecimento e progresso plena liberdade de consciência, tolerância absoluta e solidariedade humana, mantém-se na mais ampla neutralidade, não só com relação a crenças políticas, como também religiosas.

4º que estas disposições não são novas, e se encontram em todas as Constituições anteriores, sendo que na de 1872, também o art. 3º diz: **que os Maçons não podem ocupar-se das diferentes religiões espalhadas no mundo, nem das Constituições dos Estados; que na sua esfera elevada, devem respeitar a fé religiosa e as simpatias políticas de cada um de seus membros e por essa razão em suas reuniões são inteiramente proibidas as questões sobre tais objetos.**

5º que ainda na Constituição de 1872 do Grande Oriente dos Beneditinos[(28)], que fez junção este Grande Oriente em 1882, diz o artigo 4º **que a Maçonaria proclamando a liberdade de consciência como um direito sacratíssimo do homem, não exclui ninguém por suas crenças, sendo absolutamente proibido discussão ou controvérsia sobre matéria religiosa;** e no art. 5º diz: **que a Maçonaria no Brasil respeita os princípios políticos de cada um de seus membros, e proíbe**

(28) Aqui temos uma referência ao Grande Oriente Unido do Brasil, da Rua dos Beneditinos, cujo Grão-Mestre era Saldanha Marinho, de 1863 a 1882, unido ao tradicional Grande Oriente do Brasil da Rua do Lavradio no ano da pacificação maçônica de 1883. A menção ao Grande Oriente de Saldanha Marinho se justifica pelo fato das Lojas de Campinas terem pertencido ao Grande Oriente dissidente que era, comprovadamente, mais ***"progressista"*** do que o tradicional Grande Oriente do Brasil. A união da Maçonaria brasileira em 1883 não retirou o ***espírito político*** das Lojas oriundas do antigo cisma. A fusão das duas Potências se deu em 1882. Saldanha Marinho pediu demissão do cargo em 30 de março de 1882. Em 18 de dezembro de 1882, era considerado extinto o Grande Oriente Unido, oficializando-se a união em 18 de janeiro de 1883, com um único nome: Grande Oriente do Brasil.

expressamente qualquer discussão sobre este assunto.

6º que estas disposições se encontram nas Constituições de todos os países do mundo, e em algumas delas até se preserva, não só o dever de obedecer, como de sustentar as Instituições ativas do país.

7º que sendo a Maçonaria no Brasil fundada no princípio deste século sob as Constituições, Estatutos e Regulamentos de 1762, confirmados por Frederico 2º da Prússia em 1786[(29)], diz o art. 9º dos Regulamentos **que é expressamente proibido falar-se em negócios políticos, religião e outras matérias estranhas à Maçonaria, em Loja de perfeição, sob pena de exclusão**.

8º que ainda no Congresso de Lausana, celebrado em 1875 pelos Supremos Conselhos dos diversos países, diz o nº 4 do seu manifesto: **que a Maçonaria proíbe nas sua Lojas todas as discussões políticas e religiosas etc.**, e no nº 5: **que o seu programa se resume em obedecer às leis do seu país, viver com honra, praticar a justiça, amar o próximo e trabalhar sem descanso para a felicidade da humanidade.**

9º que tanto a Maçonaria é, como deve ser, estranha à política e religião, e não admite nos seus trabalhos discussão sobre tais assuntos, que no Ritual ou Guia desses trabalhos se proíbe expressamente que desses assuntos se trate, sob as penas cominadas nos estatutos da ordem, e se impõe ao Venerável a obrigação de o anunciar na abertura da Sessão.

10º que sendo pois inteiramente proibido que a

---

(29) Frederico II, filho de Frederico Guilherme I, "rei sargento" foi, efetivamente, Iniciado na Maçonaria, a 14 de agosto de 1738, mas não contribuiu em nada, com certeza, para a redação das Grandes Constituições do Rito Escocês Antigo e Aceito de 1786. Cif. Paul Naudon. *Histoire et Rituels des Hauts Grades Maçonniques. Le Rite Escossais Ancien et Accepté*, capítulo V, citado por Alec Mellor ***in*** *Dicionário da Franco-Maçonaria e dos Franco-Maçons*, verbete "Frederico II, rei da Prússia (1712-1786)", São Paulo: Martins Fontes, 1989.

Maçonaria se envolva em política, segundo os seus princípios e as suas leis, acresce que, as idéias enunciadas nas representações das Augustas Oficinas **Independência, Regeneração 3ª** e **Estrela d'Oeste**, não são certamente as de todos os Obreiros [Irmãos] de seus quadros, de uns porque os tenham opostos, e de outros por serem estrangeiros e não deverem envolver-se na política do país, sendo o que se dá necessariamente com estas Oficinas, dar-se-á indubitavelmente com as outras, e assim desvirtuados ficam o princípio e o dever da união e da fraternidade na família maçônica, e no seio da própria Oficina, lançando-se no Templo da paz o germe da desunião e da discórdia.

11º que afastam-se inteiramente dos fins da Ordem os que pretendem constituir ou converter as Oficinas em clubes políticos, com manifesta infração dos princípios da tolerância e respeito às crenças e convicções que devem ser respeitadas e mantidas entre os Irmãos.

12º que o dever da Maçonaria, ou a sua política grandiosa e elevada, é de derramar a luz pelo povo, educá-lo, instruí-lo, curar das suas necessidades, ensinar-lhe a prática das virtudes sociais e domésticas, mostrando e ensinando que o trabalho é o motor da felicidade; e agora que a aura lei de 13 de maio fez desaparecer a página negra da escravidão, cumpre que todos os esforços da Maçonaria convirjam especialmente naquele ensino e para a paz e sossego do país, porque com certeza ele entra na sua verdadeira fase do progresso e da prosperidade.

13º que o Sapientíssimo Grande Oriente espera que as Augustas Oficinas **Independência**, **Regeneração 3ª** e **Estrela d'Oeste** se compenetrem do errado caminho que trilham, e que continuem os seus trabalhos de acordo com os princípios e leis da ordem, abstendo-se de tratar maçonicamente da política militante do país.

O Supremo Arquiteto do Universo vos ilumine e guarde a todos os Obreiros de vossas Augustas Oficinas.

Grande Secretário Geral da Ordem no Rio de Janeiro, aos 15 de outubro de 1888, Era Vulgar.

O Vosso Irmão afetuoso

Rodrigo Antônio Machado Reis, 33∴
Grande Secretário Geral da Ordem

Maçonaria na Universidade Nº 61

A Carta de Thomas Jefferson a John Jay[1]

A minha viagem por estes lugares ministrou-me informações que tomarei a liberdade de levar ao conhecimento do Congresso. Em dias de outubro último (de 1786) recebi, com data de 2 desse mês, uma carta, cujo signatário dizia ser estrangeiro, acrescentando que tinha negócio de suma importância a comunicar, e que por isso pedia que lhe indicasse o meio de fazê-lo com segurança. Satisfiz ao pedido, e logo depois recebi outra carta, concebida nos seguintes termos omitindo os que são de pura formalidade:

Eu nasci no Brasil. Vós não ignorais a terrível

(1) Extraído de Paulo Bonavides & R. A. Amaral Vieira, *Textos Políticos da História do Brasil*, pp. 15/19, Fortaleza: Imprensa Universitária da Universidade Federal do Ceará, 1973.

escravidão que faz gemer nossa pátria. Cada dia se torna mais insuportável nosso estado, depois da vossa gloriosa Independência, porque os bárbaros portugueses, receosos de que o exemplo seja abraçado, nada omitem que possa fazer-nos mais infelizes. A convicção de que estes usurpadores só meditam novas opressões contra as leis da natureza e contra a humanidade tem-nos resolvido a seguir o farol que nos mostrais, a quebrar os grilhões, a renunciar à nossa moribunda liberdade, quase de toda acabrunhada pela força, único esteio da autoridade dos europeus nas regiões da América. Releva, porém, que alguma potência preste auxílio aos brasileiros, pois que a Espanha certamente se há do unir a Portugal; e apesar de nossas vantagens em uma guerra defensiva, não poderíamos, contudo, levar sozinhos a efeito essa defesa, ou, pelo menos, seria imprudência tentá-la sem alguma esperança de bom êxito. Neste estado de coisas, senhor, olhamos, e com razão, somente para os Estados Unidos, porque seguiríamos o seu exemplo e porque a natureza, fazendo-nos habitantes do mesmo Continente, como que nos ligou pelas relações de uma pátria comum. Da nossa parte, estamos preparados a despender os dinheiros necessários, e a reconhecer em todo o tempo a obrigação em que ficaremos para com os nossos benfeitores.

Tenho-vos exposto, senhor, em poucas palavras a suma do meu plano. Foi para dar-lhe andamento que vim à França, pois que na América teria sido impossível mover um passo e não suscitar desconfiança. A vós pertence agora decidir-se se pode executar-se a empresa. Se quereis consultar a vossa nação, pronto estou a oferecer-vos todos os esclarecimentos precisos.

Como por este tempo eu tinha deliberado experimentar as águas de Aix, participei este desígnio ao autor da carta, e disse-lhe que me desviaria da estrada com o pretexto de examinar as antigüidades de Nimes, se ele quisesse encontrar-se comigo neste lugar. Assim o fez: e o que se segue é resumo das informações que me deu. O Brasil abriga o mesmo número de habitantes que Portugal. São eles portugueses, brancos naturais do País, negros e pardos cativos, e índios selvagens ou civilizados. Os portugueses, poucos em número, quase todos casados na terra, perderam a lembrança do solo pátrio e o desejo de voltar a ele: estão por isso dispostos a abraçar a independência. Os brancos naturais do país formam o corpo da Nação. Os escravos são em número igual aos homens livres. Os índios domesticados são destituídos de energia e os selvagens nenhum partido tomarão neste negócio. Há vinte mil homens de tropas regulares. A princípio eram todos portugueses, mas, à proporção que morriam, foram substituídos por naturais do País, de modo que estes compõem hoje a maior força das tropas; e pode contar-se com eles. Os oficiais são em parte portugueses e em parte brasileiros. Seu valor é indubitável, conhecem as manobras, mas ignoram a ciência da guerra e nenhuma predileção têm a favor de Portugal, nem são possuídos de algum sentimento forte por outro qualquer objeto. Os sacerdotes são em parte portugueses e em parte brasileiros e não parece que tomem grande parte na contenda. A nobreza é apenas conhecida como tal. Não querem, de maneira alguma, distinguir-se do povo. Os homens de letras são os que mais desejam uma revolução; o povo não é muito influído pelos padres. Muitos indivíduos sabem ler e escrever, possuem armas e costumam servir-se delas para caçar. Os escravos têm que seguir a causa dos senhores. Nem uma palavra, pelo que respeita à revolução, não há mais que um pensamento, em todo o País; mas não aparece uma pessoa capaz de dirigi-la, ou que se arrisque pondo-se-lhe à frente, sem o auxílio de uma nação poderosa; todos temem que o povo os desampare. No Brasil não há imprensa. Os brasileiros consideram a revolução da América do Norte como precursora da que eles desejam: o dos Estados Unidos esperam todo o socorro. As maiores simpatias se desenvolvem entre eles para conosco. A pessoa que me dá essas informações é natural e tem residência no Rio de Janeiro, atualmente a capital, contando com 50.000 habitantes. A pessoa a que me refiro conhece bem a cidade de Salvador, antiga metrópole, e as minas de ouro que se acham situadas no interior. Todos estes lugares propendem para a revolução e, como constituem o corpo da Nação, tem que levar os outros consigo. O quinto, que o rei cobra do produto das minas, anda por 13 milhões de cruzados. Ele só tem o direito de explorar as minas de diamantes e das outras pedras preciosas que lhe rendem quase a metade desta quantia. O produto destas duas fontes de riqueza somente deve montar a 10 milhões de dólares por ano; mas o remanescente do produto das minas, que sobe a 26 milhões, pode aplicar-se às despesas da revolução. Afora as armas que estão pelas mãos do povo, há armazéns delas. Há muitos cavalos, mas só uma parte do Brasil admite o serviço de cavalaria. Precisariam de artilharia, munições, navios, marinheiros, soldados e oficiais, e para tudo isso estão deliberados a recorrer aos Estados Unidos, entendendo-se sempre que os fornecimentos e os serviços serão necessariamente pagos. A farinha de trigo custa quase 20 libras cada cem arráteis. Tem a maior abundância de carne, e tanta que em algumas partes matam reses somente por causa do couro. A pesca da baleia é feita exclusivamente por brasileiros, e não por portugueses; mas em barcos muito pequenos, de maneira que não sabem manobrar com barcos de grandes dimensões. Iriam sempre comprar ao nosso país navios, trigo e peixe salgado. O último é um gênero importante que lhe vai de Portugal. Esse reino, que não tem esquadra nem exército, não pode invadir o Brasil em menos de um ano. Se considerarmos a maneira por que tem de ser preparada e executada tal invasão, não será ela muito para temer, e, se falhar, não tentarão segunda. Na verdade, cortada que seja esta principal fonte de riqueza, os portugueses poderão apenas fazer um primeiro esforço. A parte ilustrada da Nação conhece tanto isso que tem por infalível a separação. Há um ódio implacável entre os brasileiros e portugueses. Para reconciliá-los adotou um dos ministros passados a política de nomear brasileiros para empregos públicos; mas os ministros que se lhes seguiram voltaram à política anterior, nomeando para aqueles empregos somente pessoas nascidas em Portugal. Ainda há alguns naturais do Brasil (dos antigamente nomeados) exercendo cargos públicos. Se a Espanha invadir o País pela parte do Sul, ficará sempre tão distante do corpo dos estabelecimentos, que não poderá chegar até eles; e a tentativa da Espanha não é para recear-se. As minas de ouro são entre montanhas inacessíveis a um exército e o Rio de Janeiro é tido pelo porto mais forte do mundo depois de Gibraltar. No caso de uma revolução bem-sucedida há de organizar-se um governo republicano geral para todo o País.

Em toda a conversação procurei convencer o meu interlocutor de que não tenho autoridade nem instruções para dizer uma só palavra a respeito, e que apenas poderia comunicar-lhe as minhas idéias como indivíduo; e vem a ser: que não estamos em circunstâncias de comprometer a nação em uma guerra; que desejamos especialmente cultivar a amizade de Portugal, com o qual fizemos um trato vantajoso;

que, não obstante o que fica ponderado, uma revolução feliz no Brasil não pode deixar de excitar interesse nos Estados Unidos; que a esperança de consideráveis vantagens chamará para o Brasil muitos indivíduos em seu auxílio; que, por muitos motivos mais nobres, serão atraídos os nossos oficiais, em cujo número há muitos excelentes; e que nossos concidadãos, podendo sair de sua pátria, quando querem, sem licença do governo, podem, da mesma sorte, dirigir-se para outro país.

O signatário estrangeiro mencionado nesta carta de Jefferson ao secretário John Jay, escrita na cidade de Marselha em 4 de maio de 1787, era José Joaquim da Maia, brasileiro matriculado na Universidade de Montpellier, França, filho de José da Maia Brito, empreiteiro de obras públicas e mestre no ofício de pedreiro. Não viveu muito, pois nasceu em 1751 e faleceu em Portugal, em fevereiro de 1788. A reunião de ambos se deu em Nimes, por sugestão de Jefferson, desejoso de experimentar as águas de Aix, sendo pretexto para o encontro o exame das antigüidades do local.

O objetivo do jovem revolucionário era atender a um pedido dos comerciantes franceses do Rio de Janeiro que revoltados com o Alvará de 5 de janeiro de 1785[(2)], proibindo a fabricação de tecidos na colônia, salvo panos grossos de algodão para uso de escravos e fardos, promoveram uma série de instruções sigilosas que deveriam ser enviadas a José Joaquim da Maia para que este entrasse em contato com Thomas Jefferson. O emissário dos comerciantes foi o jovem Eleutério José Delfim, que matriculando-se na Universidade de Montpellier, a 13 de outubro de 1786, estabeleceu contato com Maia, retirando-se da Universidade tão logo cumprida a sua missão.

---

(2) Este Alvará poderá ser lido na íntegra ***in*** Frederico Guilherme Costa e José Castellani, *A Conjuração Mineira e a Maçonaria que não houve*, São Paulo: Editora A Gazeta Maçônica, 1992.

Devidamente autorizado e informado, Maia procurou o professor Vigarous, eminente médico, cujo filho era seu colega na Faculdade de Medicina, relatando-lhe os planos e solicitando apoio para um contato com o representante em Paris dos Estados Unidos da América. O professor fez os arranjos necessários e Maia escreveu a sua primeira carta a Jefferson no dia 2 de outubro de 1786, com o pseudônimo de "Vendeck".

Após o encontro em Nimes, onde os personagens puderam conversar demoradamente, estabeleceu-se uma simpatia recíproca. Nos dias seguintes Maia relatou o encontro a Domingos Vidal Barbosa e José Mariano Leal.

Este documento pode levar à conclusão de que as autoridades portuguesas receavam uma invasão na cidade do Rio de Janeiro, por ocasião do processo contra os conjurados. Talvez isto explique o aparato monumental para garantir a execução de um só homem, o Tiradentes. Sem especular, mas baseado neste documento primário, o fato parece mais do que singular, no sentido de punir uma só pessoa, pois tratou-se de prevenir todo o sistema contra um "provável" ataque inimigo. É nesta direção que vai o entendimento de Tarquínio de Oliveira sobre as conseqüências do encontro de Nimes no plano dos conjurados de Vila Rica:

> *O relatório, fundado no que concerne ao Brasil nas informações de Maia, é um relatório lúcido e objetivo do país ao tempo. Jefferson refere que voltaria a Paris viajando ainda pelo Canal do Languedoc, que ligava o Mediterrâneo ao golfo atlântico da Biscaia. Portanto, via Bordéus, como esclarece. Sairia, a 5-05. Sua permanência em Bordéus terá ocorrido entre 15 e 20-05. Maia, que recebeu o título de Doutor em Montpellier a 10-5, teria chegado a Bordéus concomitantemente, onde*

ficou alguns meses retido pela moléstia, que Licurgo dos Santos (His. Med. no Brasil, 2.348) sugere tratar-se de tuberculose evolutiva. Só em fins de 1787 chegaria a Portugal, para aí falecer em fevereiro de 1788. O informe de Maciel a Tiradentes (07-1788 no Rio) de que os comerciantes franceses, no caso de levante do Rio, enviariam três navios de suprimentos em auxílio, sugere pelo menos uma recomendação de Jefferson em favor do brasileiro. Os conselhos e orientação que ministrou a Maia se refletem nitidamente no plano dos Inconfidentes, acertado em Vila Rica na grande e definitiva reunião dos líderes a 26-12-1788 em casa do Ten. Cel. Francisco de Paula Freire de Andrade, na qual se consagra indiscutível a brilhante liderança militar de Tiradentes[(3)].

(3) Autos da Devassa da Inconfidência Mineira, v. 8. pp. 28/29, Brasília, Câmara dos Deputados, 1983.

Editora Maçônica

A TROLHA

Redação, Diagramação,
Composição, Revisão, Arte-Final.

Av. Maringá, 335 – Fone: (0 XX 43) **327-1982**
Fax: (0 XX 43) **348-0915**
CEP 86060-000 – Londrina – Paraná

Home Page: http://www.atrolha.com.br
E-Mail: trabalhos@atrolha.com.br